LISA SIERRA · TATJANA NAGEL

Auf dem Weg zur
eigenen Schreibschrift

Klett I Kallmeyer

Bibliografische Information der Deutschen Nationalbibliothek
Die Deutsche Nationalbibliothek verzeichnet diese Publikation
in der Deutschen Nationalbibliografie; detaillierte bibliografische
Daten sind im Internet über http://dnb.d-nb.de abrufbar.

Impressum

Lisa Sierra, Tatjana Nagel
Auf dem Weg zur eigenen Schreibschrift
Damit Kinder besser schreiben lernen

Gefördert durch die Friedrich Stiftung

1. Auflage 2014

© 2014. Kallmeyer in Verbindung mit Klett
Friedrich Verlag GmbH
D-30926 Seelze
Alle Rechte vorbehalten.
www.friedrich-verlag.de

Konzeption und Gestaltung: Lisa Sierra, Tatjana Nagel
Druck: GCC Grafisches Centrum Cuno GmbH & Co. KG,
Gewerbering West 27, 39240 Calbe
Printed in Germany

ISBN: 978-3-7800-4811-0

LISA SIERRA · TATJANA NAGEL

Auf dem Weg zur eigenen Schreibschrift

Damit Kinder besser schreiben lernen

Klett | Kallmeyer

Prof. Dr. Erika Brinkmann
Professorin für deutsche Sprache,
Literatur und ihre Didaktik

Vorwort

Für mich war es eine Freude, Tatjana Nagel und Lisa Sierra bei ihrem Projekt „Auf dem Weg zur eigenen Schreibschrift" zu begleiten. Nun liegt das Ergebnis vor: Ein Gewinn für alle, die sich für das Schreibenlernen von Kindern interessieren. Das Buch ist ein Lichtblick in der aktuellen, oft wenig sachkundig geführten Diskussion über die unterschiedlichen Schreibschriften und über die Konzepte zu ihrem Erwerb. Die Darstellung ist fachlich fundiert – aber auch ästhetisch ist das Buch dank seiner originellen und durchdachten grafischen Gestaltung überaus gelungen. Inhalt und Gestaltung beziehen sich aufeinander und zeigen den Wert eines bewussten Umgangs mit Schriftelementen.

Inhaltlich bietet das Buch einen breiten Überblick über die verschiedenen Aspekte der anspruchsvollen Aufgabe: Welche Schriftformen gibt es, was sind ihre Vor- und Nachteile? Was sind bedeutsame Voraussetzungen für eine erfolgreiche Schreibentwicklung? Was sollten Lehrer/-innen über Motorik, Wahrnehmung und Koordination wissen? Hilfreich auch der Blick auf die geschichtliche Entwicklung der Schrift und auf die Bedeutung des alphabetischen Prinzips unserer Schriftsprache.

Tatjana Nagel und Lisa Sierra nehmen ernst, was in der aktuellen Diskussion oft vergessen wird: Die „Ausgangsschriften" in den Lehrplänen sind nicht das Ziel des Schrifterwerbs, sondern lediglich als eine Orientierungshilfe für die Kinder gedacht, damit sie zu einer persönlichen, flüssig zu schreibenden und gut lesbaren Handschrift kommen. Dabei geht es auch um das Zusammenspiel der Sinne, um Fingerspitzengefühl und das Training der Feinmotorik. Zu diesen Bereichen haben die Autorinnen eigene Materialien entwickelt, die die Kinder auf ihrem Weg zur eigenen Handschrift unterstützen können.

Dieses Buch ist bestens geeignet, um das derzeitig herrschende „Schriftenwirrwarr" in der fachlichen Diskussion, in der Pädagogik und vor allem in der Presselandschaft zu klären. Für die Kolleginnen und Kollegen in der Schule und für interessierte Eltern bietet es darüber hinaus Orientierung und Anregungen, um die Kinder auf ihrem Weg zur persönlichen Handschrift sinnvoll zu begleiten und zu unterstützen.

Ich wünsche ihm viele interessierte Leserinnen und Leser!

Erika Brinkmann, Oktober 2013

h A x

L v k

G S e

w A D

„Handschrift überlebt, wenn sie etwas ausstrahlt, das Maschinenschriften nicht haben – Schönheit, Intimität, emotionaler Ausdruck." Im Schriftbild wird all dies sichtbar.

Aus „...das Ende der Handschrift?",
SZ-Magazin 06 / 2012; Peter Praschl
(Wörtl. Zitat: „[...] emotionale Wucht")

Einleitung

Schreibenlernen ist einer der elementarsten Lernvorgänge unserer Zeit. Schreiben gehört wie das Lesen und das Rechnen zu den modernen Kulturtechniken. Diese Fähigkeiten gewährleisten die Aneignung, Erhaltung und Verbreitung von Kultur. Trotz der Selbstverständlichkeit, die Schreiben für uns heute darstellt, gab es im Jahr 2011 etwa 7,5 Millionen funktionale Analphabeten in Deutschland. 14 % unserer Bevölkerung können also nicht richtig lesen und schreiben, obwohl sie die deutsche Schule durchlaufen haben.

Wenn man selbst problemlos schreiben und lesen kann, ist es schwierig nachzuvollziehen, wie es passieren kann, diese grundlegende Kompetenz nicht zu erlangen. Lesen und Schreiben verhalten sich nämlich im Grunde wie das Fahrradfahren. Kann man es einmal, verlernt man es unter normalen Umständen nie mehr. Deshalb muss das Problem schon an einem sehr frühen Punkt im Schreiblernprozess gesucht werden. Unsere heutige Buchstabenschrift folgt einem System, das für Schreibanfänger nicht einfach zu verstehen ist. Dieser Lernschritt legt die entscheidenden Grundlagen und ist Voraussetzung für alles Weitere. Danach gibt es viele weitere Hindernisse, die es zu überwinden gilt, bevor ein Mensch zu einem geübten Schreiber werden kann. Die Grundschule soll die Basis für dieses Ziel bilden und Kinder in ihrer Schriftentwicklung begleiten und unterstützen. Die Zielsetzung des Erstschreibunterrichts hat sich durch veränderte Einstellungen zum Schreiben im Laufe der Geschichte mehrfach gewandelt. Heute ist man sich darüber einig, dass Schreiben sowohl eine kommunikative Handlung ist als auch zugleich ein manuelles Können. Den Kindern muss Schreiben deshalb einerseits als händische Tätigkeit in korrekter Form und Bewegung beigebracht und andererseits als sinnhaftes Tun vermittelt werden. Schreiben ist eine hochkomplexe Handlung, welche Sprachverständnis, Zeichenkenntnis, motorisches Können und Motivation verlangt. Es handelt sich deshalb um einen Lernprozess von sehr langer Dauer, der durch Entwicklung und Lernen bestimmt ist.

Die Anforderungen an die kindliche Handschrift sind in den Bildungsstandards für die Primarstufe der Kultusministerkonferenz definiert. Diese betreffen die Lesbarkeit und die Geläufigkeit der Schrift. Wichtigstes Ziel ist daneben, die Freude am Schreiben bei den Kindern zu wecken und dass sie Gefallen an ihrer eigenen Schrift finden. Außerdem sollen sie die kommunikativen Möglichkeiten der Schriftsprache entdecken und für sich selbst nutzen lernen.

Schreiben von Hand...

fördert kreative
Denkprozesse,
trainiert die Feinmotorik und Koordination,
garantiert Authentizität,
ist Ausdruck des Charakters,
hat emotionalen
Wert, ist Teil unserer Kultur,
fördert das nachhaltige Einprägen von Informationen,
ist unabhängig von
elektronischen Medien,
bietet uneingeschränkte Gestaltungsmöglichkeiten.

Lesen- und Schreibenlernen sind fest miteinander verbunden, weshalb sie in dem Begriff Schriftspracherwerb zusammengefasst werden. Beim Lesen- und Schreibenlehren gibt es viele anerkannte Methoden. In der vorliegenden Arbeit wird von der Methode „Lesen durch Schreiben" ausgegangen. Dabei eignet sich das Kind in der Auseinandersetzung mit gesprochener und geschriebener Sprache die Laut-Zeichen-Beziehungen über das Schreiben an, sodass sich daraus die Fähigkeit zu lesen gleichsam von selbst entwickelt.

„Auf dem Weg zur eigenen Schreibschrift" zeigt ein neues Konzept des Schreibenlernens, welches Kindern mehr Freiheit und Individualität zugesteht als beim traditionellen Schreiblehrgang. Sowohl Lehrer als auch Eltern können in diesem Buch Hintergrundinformationen über den Schreiblernprozess, Voraussetzungen für das Schreibenlernen sowie Methoden und Wege erfahren, die den erfolgreichen Schriftspracherwerb bei Kindern positiv fördern und unterstützen.

Mit dem Einzug der neuen Medien fragen sich heute immer mehr Menschen, ob es überhaupt weiterhin notwendig ist, Kindern das Schreiben von Hand beizubringen. In unserem elektronischen Zeitalter werden ohnehin nur die eigene Unterschrift und vielleicht noch kurze Notizen und persönliche Briefe per Hand zu Papier gebracht. Alles Übrige wird meist digital verschriftlicht. Warum also Kinder überhaupt noch mit dem handschriftlichen Schreibenlernen quälen?

Was würde passieren, wenn Kinder Buchstaben nur noch über das Drücken von Tasten darstellen könnten, wenn sie dabei jederzeit den Rückgängig- oder den Löschen-Befehl betätigen könnten und was, wenn sie dafür immer technische Hilfsmittel benötigen würden? Da Schreiben eine ausgeprägte Koordination verlangt, würde sich zuallererst das Hirnareal, welches für die Feinmotorik zuständig ist, weniger stark entwickeln. Dieser Teil unseres Gehirns ist für jegliche Bewegungsabläufe zuständig und macht ungefähr ein Drittel der gesamten Hirnmasse aus. Ein Buchstabe wird zwar am Computer wesentlich schneller erlernt als handschriftlich, da man sich lediglich die Position einer Taste merken muss, statt einer komplexen Abfolge von Bewegungen. Jedoch fördert das Schreiben von Hand das feinmotorische Geschick auf eine Art und Weise, die mit keiner anderen Tätigkeit verglichen werden kann. Durch das handschriftliche Schreiben prägen sich außerdem nicht nur die Formen der Buchstaben besser ein, sondern ebenso das Geschriebene selbst. Es wird tiefer im Gehirn verankert als beim Tastaturschreiben, da sich die Konzentration länger auf die einzelnen Worte und gleichzeitig auf den jeweiligen Inhalt richtet. Daraus kann gefolgert werden, dass Kinder sich in der Regel den Lernstoff besser merken können, wenn sie ihn mit der Hand verschriftlicht haben.

Zusammenfassend lässt sich also sagen, dass das handschriftliche Schreiben den Lernprozessen in der Grundschule überaus positiv entgegenkommt und deshalb auch weiter praktiziert werden sollte. Sich nur mithilfe eines Stifts und eines Stück Papiers der Welt mitteilen zu können, ohne dabei von Strom oder einem geladenen Akku abhängig zu sein, besitzt eine unschätzbare Bedeutung und ermöglicht autarke Unabhängigkeit. Zudem ist der emotionale Wert, der dem Schreiben von Hand innewohnt, nicht zu vernachlässigen. Handschriftliche Liebesbriefe können viel mehr Emotionen transportieren im Vergleich zu Getipptem. Trotz alledem sollte auch der Computer, in anderen Bereichen des Schreiblehrgangs, mit in den Unterricht einbezogen werden, da er viele Vorzüge besitzt, welche die klassischen Schreibmedien Kindern nicht bieten können.

Das folgende Kapitel beschäftigt sich mit den grundlegenden Voraussetzungen, die bei Kindern vorhanden sein müssen, damit sie dazu fähig sind, das Schreiben zu erlernen. Dies betrifft die Funktion und Anwendung unserer Schriftsprache, den körperlichen und geistigen Entwicklungsstand sowie das Verständnis für den formalen Aufbau unserer Buchstaben. Abschließend gibt es eine Übung zu den geometrischen Grundformen, welche Kinder kennen müssen, um unsere Schriftzeichen unterscheiden zu können.

GRUND
VER
STÄND
NIS

Das Sprechenlernen ist von der Natur gewollt. Schreiben ist kein natürlicher Vorgang und um einiges komplexer.

Das semiotische Dreieck stellt die Relation zwischen dem gesprochenen Begriff, dem damit gemeinten realen Ding und dem verabredeten Symbol dar.

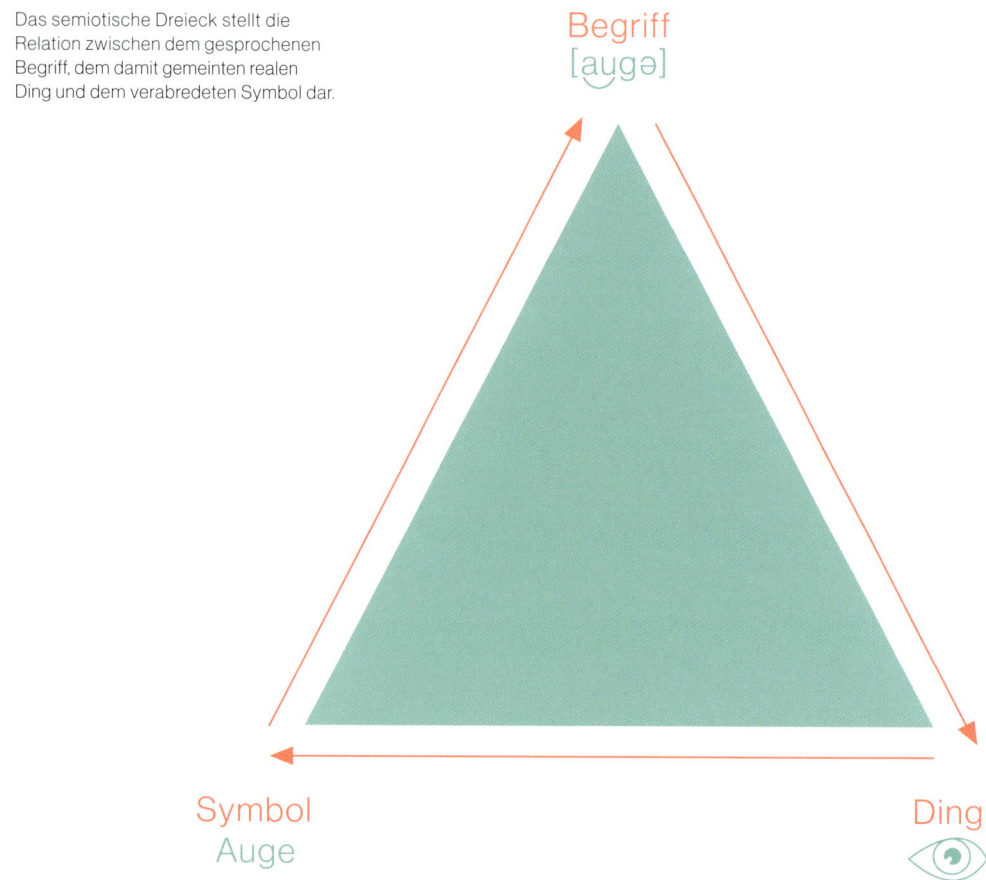

Begriff
[augə]

Symbol
Auge

Ding

Im Dreieck denken

Schrift im Sinne eines grafischen Zeichensystems ist eine über 5000 Jahre alte Kulturtechnik der Menschheit. Sie dient als Kommunikationsmittel sowie zum nachhaltigen Festhalten und Formulieren von Gedanken. Sprachlicher Bedeutungsinhalt wird beim Schreibvorgang in verabredete Zeichen übersetzt, welche mithilfe der Lesefähigkeit entschlüsselt werden können. Neben dem Sinn des Gesprochenen wird mit unserer heutigen Buchstabenschrift zusätzlich die auditiv wahrnehmbare Klanggestalt transportiert.

Lesen und Schreiben sind beim Menschen nicht genetisch verankert, anders als zum Beispiel das Laufen oder Sprechen. Diese Fähigkeiten müssen zwar ebenso erlernt werden, jedoch gibt es dafür bereits Anlagen im Gehirn, die Urinstinkten wie dem Weglaufen oder dem Ausstoßen von Lauten entstammen. Für das Schreiben hingegen müssen erst mehrere Regionen im Gehirn verknüpft werden, weshalb es sich um einen nicht natürlichen und hochkomplexen Vorgang handelt. Zentral dabei ist das Herstellen der Beziehung zwischen dem gehörten Begriff, dem realen Ding sowie den dafür stehenden Zeichen. Erst wenn dieses Bewusstsein vorhanden ist, wurde der Grundstein fürs Schreibenlernen gelegt. Dieser Sachverhalt wird in der Sprachwissenschaft im Modell des semiotischen Dreiecks dargestellt. Es veranschaulicht, dass ein Zeichenträger sich nicht direkt auf einen außersprachlichen Gegenstand bezieht, sondern dieser Bezug nur durch die Vermittlung eines feststehenden Begriffs erfolgt.

Dieses Verständnis erscheint für jeden kinderleicht, der selbst schreiben und lesen kann. Der Vergleich zwischen unserer Buchstabenschrift und deren Vorstadien, den Bilderschriften, macht aber klar, warum die Herstellung der beschriebenen Beziehung so komplex ist. Höhlenmalereien zum Beispiel versuchten reale Gegenstände abzubilden. Sie erzählten Geschichten mit Bildern, für die keine Zeichen nötig waren, die erst erlernt werden mussten. Buchstaben sind für Kinder zunächst abstrakte Zeichen, die durch ihre reine Gestalt überhaupt keinen Hinweis auf den Inhalt des Geschriebenen geben. Erst wenn die Einsicht in die symbolische Dimension der Schrift vorhanden ist, kann mit dem Schreiben begonnen werden.

Das Stufenmodell des Schriftspracherwerbs nach Renate Valtin zeigt, dass Kinder auf ihrem Weg zur Schrift sechs verschiedene Phasen durchlaufen, in denen sie jeweils qualitativ neue Erkenntnisse gewinnen. Es handelt sich dabei um einen durchschnittlichen Verlauf, der je nach Kind unterschiedlich ausgeprägt sein kann.

(Quelle: Bildungsserver Berlin-Brandenburg, LRS-Broschüre 2005)

6. Stufe
Entwickelte Rechtschreibung

Automatisierung von Teil-prozessen (Regelwissen)

5. Stufe
Verwendung von Rechtschreibmustern

Verwendung orthografischer bzw. sprachstruktureller Elemente

4. Stufe
Phonetisches Stadium

Einsicht in die Buchstaben-Laut-Beziehung

3. Stufe
Halbphonetisches Stadium

Beginnende Einsicht in den Buchstaben-Laut-Bezug. Kenntnis einiger Buchstaben und Laute

2. Stufe
Vorphonetisches Stadium

Kenntnis einzelner Buchstaben anhand figurativer Merkmale

1. Stufe
Vorkommunikative Aktivität

Nachahmung äußerer Verhaltensweisen von Erwachsenen

Startklar für die Schule

In Deutschland gibt es die allgemeine Schulpflicht. Das bedeutet, dass alle Kinder, die in Deutschland leben, die Schule besuchen müssen. Diese Pflicht ist unabhängig von der sozialen oder nationalen Herkunft und unabhängig von der körperlichen und geistigen Entwicklung. Schulpflicht kann darum auch als Recht eines jeden Kindes auf Schule bezeichnet werden. Den Beginn der Schulpflicht regelt ein Stichtag, jedoch ist eine vorzeitige Einschulung oder eine Zurückstellung vom Schulbeginn möglich. Deshalb müssen sich Eltern vor der Schulanmeldung die Frage stellen, ob ihr Kind schulfähig ist, also ob es die notwendigen Voraussetzungen mitbringt.

Viele Jahrzehnte wurde davon ausgegangen, dass nur abgewartet werden müsse, bis biologische Vorgänge dazu führten, dass ein Kind reif für die Schule sei. Daher stammt der im vergangenen Jahrhundert weit verbreitete Begriff der Schulreife. Inzwischen konnte aber nachgewiesen werden, dass Umwelteinflüsse, wie die Lernmöglichkeiten in Familien oder in Kindertagesstätten, viel bedeutender für die Erlangung der Kompetenzen sind, die Kinder brauchen, um den Schulalltag erfolgreich meistern zu können. Diese Kompetenzen werden heute im Begriff der Schulfähigkeit zusammengefasst. Da jedes Kind seine individuellen Stärken und Schwächen hat, herrscht mittlerweile Einigkeit darüber, dass es für die Schulfähigkeit keine pauschal gültige Definition geben kann.

Trotzdem sollten Kinder vor der Schule gewisse Entwicklungsschritte durchlaufen haben, damit positive Lernerfolge erzielt werden können. Zu den Anforderungen, die mit Schulfähigkeit im Allgemeinen verknüpft werden, gehören kognitive Leistungen, soziale Kompetenzen sowie emotionale Voraussetzungen wie Selbstsicherheit oder Motivation. Auch die körperliche Entwicklung und die uneingeschränkte Funktion der Sinnesorgane sind essenziell. Geschulte motorische Fähigkeiten spielen für die Technik des Schreibens eine entscheidende Rolle. Erfahrungen mit Sprache sind für den Schriftspracherwerb von Bedeutung und für die Aufnahme von neuen Lerninhalten. All diese Faktoren beeinflussen die Lernvoraussetzungen eines Kindes. Es braucht aber ebenso die konkreten Erfahrungen mit Schule, um ein kompetentes Schulkind sein zu können. Schulfähigkeit soll deshalb nicht bedeuten, dass Kinder schon zu allem fähig sein müssen, was in der Schule von ihnen verlangt wird.

Motorische Voraussetzungen
Grobmotorik, Feinmotorik

Kognitive Voraussetzungen
Lernfähigkeit, Denkfähigkeit, Vorstellungskraft

Wahrnehmungsvoraussetzungen
Hören, Sehen, Körperwahrnehmung

Denken und Wahrnehmen finden mit dem gesamten Körper statt.

Sprachliche Voraussetzungen

Sprachfähigkeit, Wortschatz

Soziale Voraussetzungen

Kommunikationsfähigkeit, Interaktionsfähigkeit

Emotionale Voraussetzungen

Motivation, Selbstsicherheit, Selbstvertrauen

Kindliche Fähigkeiten

körperlich | geistig

Alle Großbuchstaben sind aus den Grund-
formen Dreieck, Quadrat oder Kreis konstruiert.

Abstraktes Alphabet

Auf diese Art und Weise werden unsere Schriftzeichen selten betrachtet, aber grundsätzlich erfasst. Dies beweist, mit welch simplen Formen wir auskommen, um unsere Sprache zu verschriften.

Buchstaben sind Schriftzeichen, die die kleinsten sinntragenden grafischen Bestandteile eines geschriebenen Wortes darstellen. Sie dienen als abstrakte Stellvertreter zur visuellen Fixierung von Lauten und Lautverbindungen einer gesprochenen Sprache. Die Gesamtheit der Zeichen einer lautbasierten Buchstabenschrift wird als Alphabet bezeichnet, welches die wesentlichen Elemente einer Sprache repräsentiert. Unsere Buchstaben können aus diesem Grund auch als „Symbole für Sprache" bezeichnet werden. Schreibenlernen erfordert deshalb ein grundsätzliches Symbolverständnis. Dieses Verständnis schließt die Zuordnung der jeweiligen Bedeutung sowie die Unterscheidung der grafischen Symbole ein.

Unser Alphabet unterliegt einem starken Abstraktionsgrad, da es nur das darstellt, was zur Rekonstruktion des Wortklangs unbedingt nötig ist. Es kommt daher mit einer sehr geringen Anzahl unterschiedlicher und einfacher Elemente aus, um leicht unterscheidbare Buchstabenformen abbilden zu können.

Den 26 Großbuchstaben unserer Schrift liegen in ihrer Konstruktion die drei geometrischen Grundformen Quadrat, Dreieck und Kreis zugrunde. Die Flächen dieser Formen werden beim Lesen erkannt, aber im Allgemeinen nicht bewusst wahrgenommen. Deshalb sind die Innenräume der Buchstaben zur Erkennung genauso bedeutend wie deren Umrisse. Kinder müssen die Grundformen kennen und die Fähigkeit besitzen, diese zu unterscheiden, damit sie die Buchstabenformen auseinanderhalten und sich an sie erinnern können.

EFHILT

AKMNVWXYZ

BCDGJOPQRSU

x acemnosuvwz

bdfhiklt

gpqy j

Von der Linie zum Buchstaben

Während die Flächen der Grundformen für das Wiedererkennen der Buchstaben von Bedeutung sind, ist für die Buchstabenarchitektur das Gestaltungselement Linie notwendig. Grundsätzlich werden drei Arten von Linien benötigt, um alle Buchstaben daraus konstruieren zu können. Die Eigenschaften der Linien werden wiederum aus Quadrat, Dreieck und Kreis entnommen. Man unterscheidet dabei waagrechte und senkrechte Geraden, diagonale Linien sowie gerundete Linien. Die Kombination und Anordnung der verschiedenen Linienarten gewährleisten charakteristische Buchstabenformen.

Die Großbuchstaben unserer Schrift, die auch als Majuskeln bezeichnet werden, haben alle eine einheitliche Buchstabenhöhe. Der Strich jeder Majuskel beginnt in der Regel auf der Grundlinie und endet dann an der Oberlänge. Diese Höhe wird als Versalhöhe bezeichnet. Eine Ausnahme bilden teilweise die Buchstaben von Schreibschriften, die zusätzlich mit Wendebögen ausgestattet sind, wie zum Beispiel G, J und Y der Lateinischen Ausgangsschrift. Bei den Kleinbuchstaben, den Minuskeln, werden verschiedene Buchstabenhöhen unterschieden. Entweder orientieren sie sich an der Höhe des kleinen x, welches die reguläre Kleinbuchstabenhöhe repräsentiert, oder sie ragen nach unten oder oben darüber hinaus. Diese Eigenschaft bestimmt deshalb nicht nur die Höhe der Buchstaben, sondern auch ihre Lage im Wort. Dadurch lassen sie sich besser unterscheiden und begünstigen die Lesbarkeit.

Mittellinie

Grundlinie

Diese Kleinbuchstaben (Minuskeln) orientieren sich an der Höhe des Buchstaben x. Sie beginnen auf der Grundlinie und enden an der Mittellinie.

Oberlänge
Mittellinie

Grundlinie

Eine weitere Kategorie der Kleinbuchstaben beginnt auf der Grundlinie und endet an der Oberlänge.

Oberlänge
Mittellinie

Grundlinie
Unterlänge

Die übrigen Buchstaben beginnen auf der Unterlänge und enden an der Mittellinie. Das j bildet eine Ausnahme, es beginnt auf der Unterlänge und endet an der Oberlänge.

Übung:
Formen zuordnen

Am Beginn der Entwicklung des griechischen Alphabets standen die geometrischen Grundformen Quadrat, Dreieck und Kreis. Mithilfe ihrer Formeigenschaften wurden unsere heutigen Schriftzeichen konstruiert. Die Buchstaben stellen eine komplexe Weiterentwicklung der Grundformen dar, weshalb Kindern diese geläufig sein sollten. Formen unterscheiden zu können ist eine ganz wesentliche Voraussetzung, um später auch Buchstaben auseinanderhalten zu können. Dabei kommt es nicht nur auf die definierenden Umrisse an, sondern auch auf die eingeschlossenen Innenformen und die Raumlage. Diese Übung hilft Kindern, den Zusammenhang zwischen den Grundformen und den Buchstaben zu erkennen. Es ist kein Zufall, dass Baukästen oder anderes Spielmaterial, das in den Kitas zur Verfügung gestellt wird, diese Grundformen enthalten.

Welcher Buchstabe passt in welche Form?
Verbinde die Formen mit den dazugehörigen Buchstaben.

Unter dem Begriff Geschicklichkeit werden im folgenden Kapitel die Faktoren Motorik, Wahrnehmung und Koordination unter die Lupe genommen, die für das Schreiben unerlässlich sind. Zentral dabei ist die Verknüpfung der geistigen Leistung mit der technischen Ausführung der Schreibbewegungen. Da Schreiben als eine der feinsten Koordinationsleistungen des Menschen gilt, handelt es sich dabei um einen schwierigen Prozess für Kinder, der höchste Konzentration erfordert. Manchen Kindern fällt dies schwerer oder leichter, viel Ausdauer und Übung können jedoch alle zum Ziel führen.

GE
SCHICK
LICH
KEIT

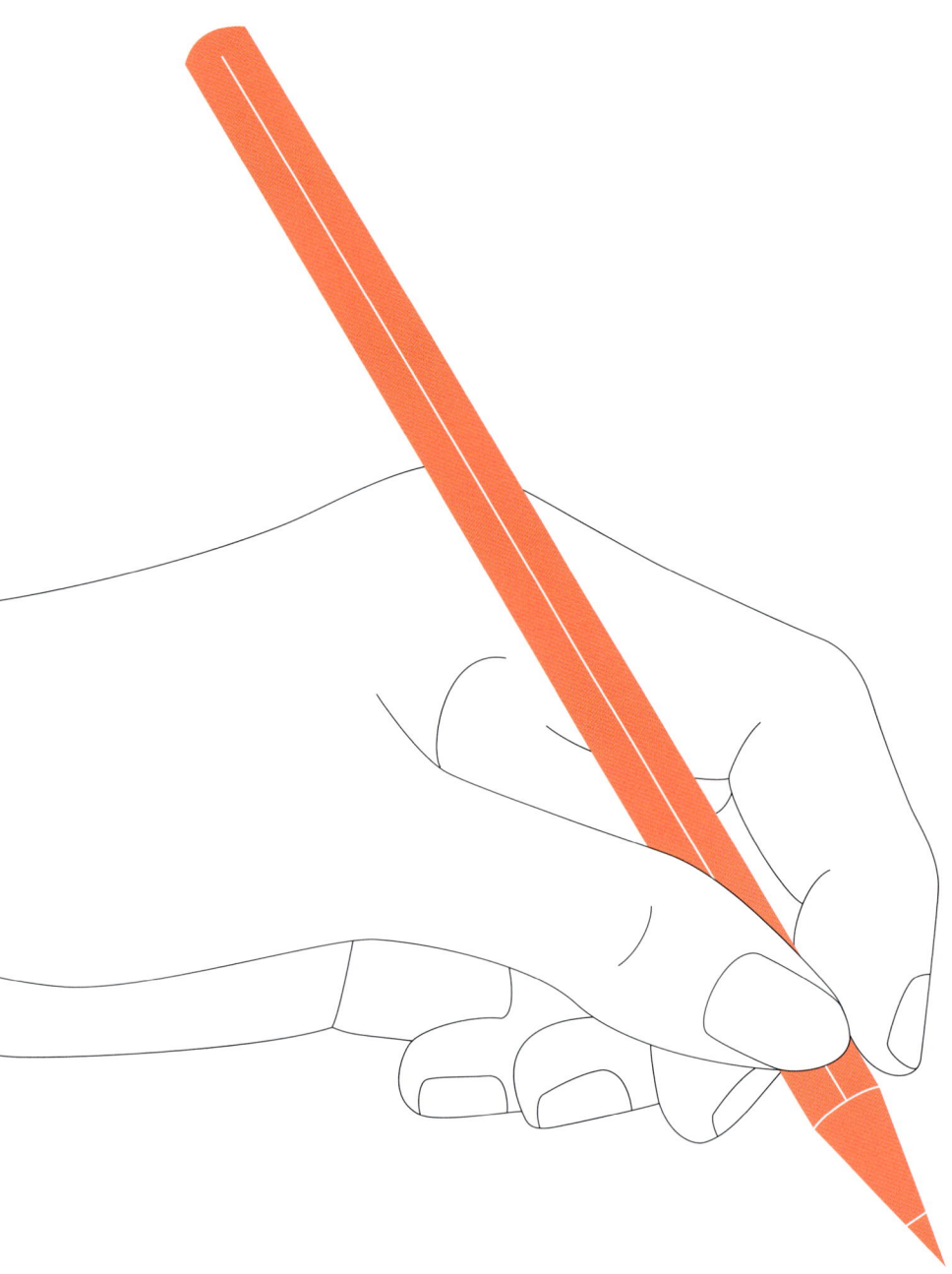

Basis für das Schreibenlernen ist die sichere Beherrschung des eigenen Körpers.

Fingerspitzengefühl

Grundlegend für die Ausbildung der Schreibmotorik ist die sichere Beherrschung der eigenen Körperbewegungen. Die Entwicklung einer guten motorischen Koordination basiert auf einem stabilen Gleichgewichtsempfinden. Das körperliche Gleichgewicht und die grobmotorische Koordination ermöglichen dem Kind, zielgerichtete Bewegungen zu planen und auszuführen. Eine gute Körperbeherrschung ist überdies die Basis für psychische und mentale Stabilität.

Grobmotorik bezeichnet die Bewegung des gesamten Körpers, der Glieder und Gelenke. Feinmotorik meint die gezielte Bewegung einzelner Körperteile und kleinerer Muskeln. Menschen lernen Bewegungsabläufe von den großen zu den kleinen Gelenken. Schreibanfänger bewegen daher überwiegend das Handgelenk und weniger die Finger. Die Feinmotorik fürs Schreiben, die sogenannte Grafomotorik, entwickelt sich daher erst allmählich. Sie bezeichnet die Fähigkeit, feinste, differenzierte, rhythmische und fließende Schreibbewegungen durchzuführen. Diese Bewegungen können nur durch häufiges Ausführen und Ausprobieren erlernt werden. Eine individuell perfekte Schreibbewegung wird erlernt, indem sie immer wieder neu erprobt wird, bis der ideale Bewegungsablauf gefunden wurde. Erst dann wird die Schreibbewegung vom Gehirn automatisiert. Die Automation von Schreibbewegungen ist ein zentrales Merkmal geübten, flüssigen Schreibens. Kinder sollten deshalb beim Schreibenlernen viel Freiraum bekommen, um die eigene Ausprägung ihrer Schrift finden zu können. Manche Kinder haben anfangs Schwierigkeiten mit der Stifthaltung oder der Kraftdosierung beim Schreiben. Sie sollten verschiedene Stifte ausprobieren, um herauszufinden, welcher Stift ihnen am besten in der Hand liegt und mit welchem sie besonders gut schreiben können.

„Unsere Kinder verlernen grundlegende Fähigkeiten, um selbst kreativ zu sein. Sie sehen fern oder spielen Videospiele. Ich dagegen finde nichts daran verkehrt, mal ein gutes Buch in die Hand zu nehmen oder

Der britische Filmregisseur Ridley Scott beschreibt die Basis jeden Lernens: Nur durch die Anstrengung des Gehirns wird Kreativität erst möglich.

Buntstifte und Zeichen-
papier. Damit betritt man
den größten Kinosaal der
Welt: das Gehirn."

Ridley Scott

Zusammenspiel der Sinne

Das Grundwahrnehmungssystem spielt eine überaus wichtige
Rolle für die Lernentwicklung eines jeden Kindes, ganz besonders
für den Erwerb der Kulturtechniken des Lesens, des Schreibens
und des Rechnens. Positiver Lernerfolg ist nur dann möglich, wenn
das Wahrnehmungssystem ausreichend entwickelt ist.

Als Wahrnehmung wird im Allgemeinen die sinngebende Verarbeitung von Reizen bezeichnet. Mit Reizen ist jeder Impuls der
Sinnesorgane an das zentrale Nervensystem gemeint. Neben der
Grundwahrnehmung ist die Sensomotorik ein weiterer wichtiger
Baustein für die Entwicklung der kognitiven Fähigkeiten bei
Kindern. Als Sensomotorik bezeichnet man das Zusammenspiel
von sensorischen und motorischen Leistungen. Damit ist die
unmittelbare Steuerung und Kontrolle von Bewegungen aufgrund
von Sinnesrückmeldungen gemeint. Zwar sind alle Leistungen
des Grundwahrnehmungssystems beim Lernen beteiligt, für den
Schreibprozess ist aber das funktionierende Zusammenspiel
dreier Wahrnehmungsleistungen von besonderer Bedeutung.
Sowohl die visuelle, die auditive als auch die taktil-kinästhetische
Wahrnehmung sind maßgeblich daran beteiligt und wirken
beim sensomotorischen Vorgang des Schreibens zusammen.

Visuelle Wahrnehmung: Lesen von Schrift
Die visuelle Wahrnehmung ist die Fähigkeit, visuelle Reize aufzunehmen, zu unterscheiden und sie durch Assoziationen mit
früheren Erfahrungen zu vergleichen und zu interpretieren.

Auditive Wahrnehmung: Hören von Lauten
Die auditive Wahrnehmung bezeichnet die Fähigkeit, akustische
Reize aufzunehmen, zu strukturieren und im Zusammenhang mit
früheren Erlebnissen zu interpretieren.

Taktil-kinästhetische Wahrnehmung: Steuerung der Hand
Der Tastsinn ermöglicht die Differenzierung von Oberflächen und
Formen. Die Körperwahrnehmung nimmt die Stellung unserer
Gelenke wahr. Zusammen sind die beiden Sinne an der Planung
und Steuerung der Bewegungen beteiligt.

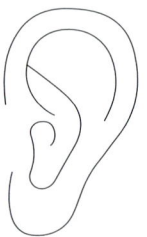

Körper-
bewegungen

Ausführung erlernter
Bewegungen

Lesen

Optische Verarbeitung
von geschriebenen Wörtern

Körpergefühl

Ausführung angebo-
rener Bewegungen

Sprechen

Motorische Erzeugung
der Sprache

Hören

Verarbeitung und
Bewusstwerdung von
akustischen Reizen

Sehen

Bewusste Wahrneh-
mung von optischen
Reizen

Sprach-
verständnis

Verständnis und Ver-
arbeitung von Sprache

Die Hand, die den Schreibstift führt,
wird als dominant bezeichnet.

Steuerzentrale Gehirn

Die Fähigkeit zu schreiben ist eine der feinsten Koordinationsleistungen des Menschen. Sie kann nur erworben werden, wenn in
Motorik und Wahrnehmung die dazugehörigen Voraussetzungen
vorhanden und schulungsfähig sind. Jede zielgerichtete Bewegung
benötigt nämlich die Unterstützung unseres Sehvermögens. Das
heißt, die Koordination von Auge und Hand ist erforderlich, um
Bewegungen so ausführen zu können, dass eine sinnvolle Handlung
entsteht. Eine gute Auge-Hand-Koordination ist deshalb eine sehr
wichtige Voraussetzung für das Schreiben. Sie ermöglicht dem Kind,
die feinen, präzisen Hand- und Fingerbewegungen mit den Augen
zu begleiten und zu kontrollieren. Die linke Gehirnhälfte steuert dabei
die rechte Hand, die rechte Gehirnhälfte wiederum die linke Hand.
Je nachdem, welche Gehirnhälfte vorrangig für die Verarbeitung
von Sprache zuständig ist, ist jemand Links- oder Rechtshänder. Der
Begriff Händigkeit beschreibt dabei das Phänomen, dass Menschen
für feinmotorische Tätigkeiten durchgängig eine Hand bevorzugen,
die sogenannte „dominante Hand".

Für die Schreibrichtung der Wörter gilt in unserer Kultur die Regel
von links nach rechts. Dies bereitet einigen Kindern Schwierigkeiten
beim Lesen- und Schreibenlernen. In diesem Fall sind einerseits
die Seitigkeit des Auges und andererseits die Seitigkeit der Hand zu
beachten. Ist ein Kind, dessen rechtes Auge dominant ist, es mit
diesem Auge zum Beispiel bevorzugt durch ein Fernrohr sieht, auch
Rechtshänder, bereitet ihm die rechtswendige Kultur meistens keine
Probleme. Auch linkswendiges Sehen und Linkshändigkeit sind
unproblematisch. Heikel wird es dann, wenn sich die Seitigkeit von
Hand und Auge unterscheiden. Diese neurologische Bahnung wird
Kreuzdominanz genannt. Liegt diese vor, zielen Sehen und Handeln
nicht in die gleiche Richtung. Die Händigkeit ist für diese Kinder oft
unklar, weshalb sie dann Probleme beim Schreibenlernen haben.
Dies gilt als häufiger Grund für eine Lese-Rechtschreib-Schwäche.

EIN SCHWEIN SAH EINE KRÖTE,
DIE SASS AUF EINEM STEIN.
SIE SPIELTE AUF DER FLÖTE,
DAS WUNDERTE DAS SCHWEIN.

WIE KANN 'NE KRÖTE FLÖTEN?
DAS KANN DOCH GAR NICHT SEIN
UND DOCH: SIE WAR AM TRÖTEN,
SO GANZ FÜR SICH ALLEIN.

»HE«, SPRACH DAS SCHWEIN ZUR KRÖTE,
ALS DIESE HIELT KURZ EIN,
»LEHRST DU MICH AUCH DIE FLÖTE?
ICH WILL DEIN SCHÜLER SEIN.

DENN BIN ICH MAL IN NÖTEN,
VERLASSEN UND ALLEIN,
DANN KANN ICH MIR WAS FLÖTEN
UND MUSS NICHT TRAURIG SEIN.«

SO ÜBTE NUN DIE KRÖTE
GEMEINSAM MIT DEM SCHWEIN
BEI TIEFSTER ABENDRÖTE
TONLEITERN FLEISSIG EIN.

Eine wichtige Voraussetzung für das Isolieren von Lauten ist die Fähigkeit, Zunge, Lippen und Gesichtsmuskulatur gezielt steuern zu können. Zungenbrecher, Gedichte und Lieder eignen sich sehr gut dazu, um diese zu trainieren, da die Gliederung des Gesprochenen rhythmisch verstärkt wird.

(Autorin des Gedichts: Janne Stolz)

Im Strom der Wörter

Neben dem grundlegenden Verständnis für Sprache ist eine gut entwickelte Sprechmotorik essenziell auf dem Weg zur Schrift. In dem Begriff Sprechmotorik werden die Sprechatmung, die Stimmgebung und die Artikulation zusammengefasst. Sie befähigt Kinder dazu, Wörter, Silben und Laute deutlich und phonetisch korrekt auszusprechen. Für den Schreibanfänger ist es meist schwierig, einzelne Wörter aus dem Sprachfluss heraus zu isolieren, da diese oft nicht eindeutig getrennt voneinander ausgesprochen werden („Omakommtunsbesuchen"). Eine gute Artikulation fördert deshalb die auditive Durchgliederung und das Isolieren der Laute aus dem Strom der Wörter. Dies erleichtert die bewusste Wahrnehmung und die Analyse der Lautstruktur unserer Sprache. Um die Buchstaben und Laute einander zuordnen zu können, ist es notwendig, den Lautfluss der gesprochenen Sprache in Lauteinheiten zu zerlegen und die Einzellaute herauszuhören. Diese Fähigkeit wird als „phonologische Bewusstheit" bezeichnet.

Das Erlangen dieser Bewusstheit ist elementar für den Schreiblernprozess. Hierzu muss sich das Kind vom Bedeutungsinhalt der Sprache lösen können und begreifen, dass unsere Wörter aus einzelnen Einheiten aufgebaut sind. Erst dann ist es fähig, Buchstaben und Laute einander zuzuordnen und selbstständig daraus Worte zu konstruieren. Bei der phonologischen Bewusstheit werden grundsätzlich zwei Aspekte unterschieden. Im weiteren Sinn bezeichnet sie die Fähigkeit, Wörter in Silben zu zerlegen und Silben zu einem Wort zusammenzufügen. Im engeren Sinn meint sie die Fähigkeit, Anlaute zu erkennen, aus Lauten Wörter zu bilden und ein Wort in seine Laute zu zerlegen. Im Unterricht können diese Kompetenzen mit der Methode des Freien Schreibens gefördert werden (S. 52 / 53).

Übung:
Feinmotorik trainieren

Kinder beginnen in der Regel immer mit den gleichen Formen zu
malen. Das Zeichnen von Urkreis und Urkreuz bildet den Ausgangspunkt für alle anspruchsvolleren Formen wie Dreiecke, Spiralen
oder Sterne. Diese natürliche kindliche Entwicklung sollte aufgegriffen
und unterstützt werden, indem immer wieder neue Varianten mit
Schwüngen, Zick-Zack-Linien, Wellen oder Kurven geübt werden.
Dies trainiert zum einen die Feinmotorik der Kinder, zum anderen
gewinnen sie dabei Sicherheit im Umgang mit Zeichen und Linien.
Zusätzlich wird die Konzentrationsfähigkeit verbessert und die
grafomotorische Entwicklung gefördert. Aufgaben, wie das Nach-
vollziehen verschiedener Linienführungen, bieten eine optimale
Vorbereitung für das spätere Buchstabenschreiben, bei dem viele
Kombinationen aus Linien auf die Kinder zukommen.

Wie geschickt bist Du?
Fahre den Weg der Vögel nach.

Das Kapitel Sprachverständnis wird mit einer kleinen Geschichts-stunde zu unserem Alphabet eingeleitet. Im Wesentlichen geht es jedoch darum, dass Kinder zuerst unser alphabetisches Prinzip begreifen müssen und dass es dabei mehrere Ausnahmen gibt, die gesondert erlernt werden müssen. Des Weiteren geht es um die Schwierigkeiten, denen Kindern dabei begegnen, und um Wege diese zu überwinden. Die Rechtschreibung spielt in dieser Ent-wicklungsphase noch keine Rolle, da diese als allerletzte Stufe im gesamten Schreiblernprozess gilt und den Fortschritt zunächst verlangsamen würde.

SPRACH
VER
STÄND
NIS

„Das Größte ist das Alphabet,
denn alle Weisheit steckt darin."
Emanuel Geibel

Capitalis Monumentalis

ABCDEFG
JKLMNOP
STUVWXY

Karolingische Minuskel

abcdefghijk
nopqrstuvw

Der Ursprung
unseres Alphabets

Am Anfang der Schriftentwicklung standen die Bilderschriften, die Mitteilungen in Form von Bildern und Bildfolgen wiedergaben. Diese Abbildungen verschlüsselten sprachliche Bedeutung, unabhängig von der Lautung der Sprache. Aus dem Wunsch heraus, Information raumzeitlich unabhängig übermitteln und aufbewahren zu wollen, entwickelten sich daraufhin die Lautzeichen. Sie standen nicht mehr länger für einen feststehenden Begriff, sondern für einen Laut der Sprache. Der Vorteil einer Lautschrift besteht darin, dass sie mit einer stark begrenzten Anzahl von Zeichen auskommt und dass auch das Lesen unbekannter und neuer Wörter möglich ist.

Aus dieser Idee entstanden die ersten Buchstabenalphabete. Das griechische Alphabet gilt als Ursprungsalphabet, aus welchem sich später auch unser lateinisches Alphabet entwickelte. Im Laufe der Zeit wurde das lateinische Alphabet von der lateinischen Sprache auf zahlreiche andere Sprachen angewendet. Heute ist es das am weitesten verbreitete Alphabet der Welt. Es besteht aus 26 Zeichen, die in Groß- oder Kleinbuchstaben dargestellt werden können. Im Deutschen gibt es zusätzlich drei Umlaute sowie das Eszett. Unsere Großbuchstaben entwickelten sich aus der Capitalis Monumentalis, einer Schrift der Römer, die in Stein gemeißelt wurde. Es handelte sich dabei um ein reines Majuskel-Alphabet, dessen Konstruktion sich an Quadrat, Kreis und Dreieck orientierte. Als Ursprung unserer Kleinbuchstaben gilt die karolingische Minuskel aus der Zeit Karls des Großen, um 800 n. Chr. Diese Schrift wies Ober- und Unterlängen auf, und ihre Wörter waren klar voneinander abgesetzt, was eine gute Lesbarkeit ermöglichte. Die Zeilenanfänge konnten mit Groß- oder Schmuckbuchstaben hervorgehoben werden, woraus unsere heutige Gemischtantiqua entstand.

UNSERESCHRIF

TSPRAC HEBES

TEHTAUS SÄTZ

ENDIE AUSWÖR

TERNBEST EHE

NDI EA USSILBE

Nach dem Lesen dieses Textes, kann man sich vorstellen, wie es ist, wenn man aus der gesprochenen Sprache keine Wörter isolieren kann.

NBES TE HENDI

EA US LAUTEN

B ES TEHENDIE

AUS BUC HSTA

BENBES TEHEN.

Wal Hahn Aal

Igel Reh Seehund

Schaf Storch Spatz

Ameise [ˈaːmaɪ̯zə]

Amsel [ˈamzəl]

Mehr Laute als Buchstaben

Verschiedene Buchstaben oder Buchstabenkombinationen klingen in der gesprochenen Sprache gleich, werden jedoch unterschiedlich geschrieben.

Manche Laute werden identisch verschriftet, jedoch unterschiedlich ausgesprochen. Ein A kann zum Beispiel kürzer oder länger klingen.

Damit gesprochene Sprache in Schriftsprache übertragen werden kann, muss zunächst die Klanggestalt eines Wortes analysiert werden können. Diese ist ausschlaggebend für die Wahrnehmung der Buchstabenabfolge und die Zuordnung von Laut zu Buchstabe. Allerdings ist diese Zuordnung nicht immer eindeutig. Mit unseren 26 Buchstaben werden etwa 40 verschiedene Laute der deutschen Sprache wiedergegeben. Aufgrund dessen ist es gar nicht möglich, die phonetische Form von Wörtern mithilfe der alphabetischen Schreibweise präzise wiederzugeben.

Aus diesem Umstand heraus gibt es bei der Schreibweise vieler Laute und Lautkombinationen Besonderheiten, die sich Kinder nur durch reines Auswendiglernen aneignen können. Gleiche Klanggestalten werden unterschiedlich geschrieben (Held und hält), verschiedene Laute werden durch denselben Buchstaben repräsentiert (Vater und Vase) und unterschiedliche Buchstabengruppen stehen für ein und denselben Laut (Ware und Haare). Bestimmend für die Aussprache eines Buchstabens ist sowohl die Stellung innerhalb des Wortes und den umgebenden Lauten, als auch die Wortbedeutung (Montage [mo:nta:ge] und Montage [mon'ta:ge]). Für erfahrene Leser ist dies keine Schwierigkeit, da sie Wörter in Buchstabengruppen lesen und als grafische Einheiten wahrnehmen. Dadurch ist es möglich, bereits während des Lesevorgangs die Bedeutung eines Wortes erfassen zu können und es anschließend korrekt zu artikulieren. Lese- und Schreibanfänger lesen die Buchstaben in der Regel zunächst einzeln zusammen, bevor ihnen der Sinngehalt bewusst wird. Erst mit viel Übung gelingt es Schülern, beim Lesen das Wortganze, die Silben und die Buchstabengruppen zu erfassen, um so den Inhalt schneller erschließen zu können.

Hürden auf dem Weg zum Schreiben

Etwas zu lernen bedeutet immer die schrittweise Entwicklung von Fähigkeiten und Kompetenzen. Fehler sind dabei unvermeidlich und stellen wichtige Zwischenstufen auf dem Weg zum Können dar. Bis zum selbstständigen, korrekten Schreiben begegnen Kindern viele Hindernisse, die es nach und nach zu überwinden gilt. Die häufigsten Schwierigkeiten sind im Folgenden zusammenfassend aufgeführt. Neben der Zergliederung und Strukturierung unserer Sprache betreffen diese die Zuordnung von Laut und Zeichen, die Eindeutigkeit der Buchstaben sowie deren Lage im Raum.

Wort-Diskriminierung
Zunächst ist es wichtig, dass die einzelnen Wörter aus zusammenhängenden Aussagen herausgelöst werden können. Sprechen darf nicht mehr als undifferenzierter Klang-Brei empfunden werden. Die Wörter müssen als selbstständige Einheiten in Sätzen erfasst werden, damit sie bewusst isoliert werden können.

Laut-Differenzierung
Anschließend müssen aus dem Klangganzen eines Wortes einzelne Laute herausgelöst werden können. Dazu gehört die Fähigkeit zu erkennen, aus wie vielen Lauten ein Wort besteht, wie diese klingen und in welcher Reihenfolge sie aufeinander folgen.

Assoziation von Laut und Zeichen
Die nächste Herausforderung für das Kind besteht darin, den erkannten Laut einem bestimmten optischen Zeichen, also dem entsprechenden Buchstaben, zuzuordnen. Dazu muss zunächst eine gedankliche Verknüpfung zwischen der akustischen und der visuellen Gestalt hergestellt werden.

Mangelnde Eindeutigkeit der Buchstaben
Leider sind unsere Buchstaben keine eindeutigen Vertreter bestimmter Laute. Die Schwierigkeit für die Schreibanfänger liegt deshalb darin, dass einerseits unterschiedliche Laute mit demselben Buchstaben geschrieben und andererseits gleiche Laute mit unterschiedlichen Buchstaben geschrieben werden.

Raumlage von Buchstaben
Für das selbstständige Schreiben von Buchstaben müssen sich Kinder die spezifischen Formen einprägen und diese unterscheiden lernen. Manche Buchstaben sind sich sehr ähnlich und weichen nur durch ihre Links-Rechts-Oben-Unten-Orientierung, also ihre Raumlage (z.B. b, d, p, q) von einander ab.

Wort-Diskriminierung

Laut-Differenzierung

Raumlage von Buchstaben

Man | nehme | einen | Stift | und | ein | Blatt | Papier | und | fabriziere | ein | paar | Kurven, | Striche | und | Punkte, | und | schon | kann | man | schreiben?

Man nehme einen Stitf und ein Blatt Papeir und fabriziere ein paar Kurven, Striche und Punket, und schno kann man schreiben?

Man nehme einen Stift unb ein Blatt Paqier und fadriziere ein paar Kurven, Striche und Punkte, unb schon kann man schreiden?

SCHRAIP

WIDU

SCHPRICHSD

Man zerlegt ein Wort in seine Lautfolge und schreibt es in seinen akustischen Lauten auf.

Ohren auf und los

Die Methode des Phonetischen oder Freien Schreibens führt Kinder an das selbstständige Konstruieren von Wörtern und das Formulieren erster eigener Sätze heran. Dabei sollen sich die Schüler rein auf das lautorientierte Schreiben konzentrieren, was bedeutet, dass sie genau die Laute verschriftlichen, die sie akustisch wahrnehmen. Weil der Schreibvorgang an sich schon eine extrem hohe Aufmerksamkeit von Kindern verlangt, überfordert viele das orthografisch richtige Schreiben am Anfang des Schreiblernprozesses.

Mit der Methode des lautgetreuen Schreibens lernen Kinder zunächst das grundlegende alphabetische Prinzip kennen, ohne sich dabei an die Regeln der Rechtschreibung halten zu müssen. Wesentlich ist aber, ihnen von Anfang an zu vermitteln, dass es eine Rechtschreibung gibt und dass deren Einhaltung das letztendliche Ziel sein wird. Die Phase des Phonetischen Schreibens ist ein konstruktiver Vorgang, bei dem die Wörter jedes Mal neu, aufgrund des Gehörten, aus Lauten zusammengesetzt werden. Kinder schreiben die Wörter deshalb auch immer wieder anders falsch, je nachdem wie sie diese gerade auditiv wahrnehmen. Da es sich also um einen anderen kognitiven Prozess als beim Erlernen der Rechtschreibung handelt, besteht wenig Gefahr, dass sich Kinder eine falsche Schreibweise nachhaltig einprägen. Vielmehr lernen sie von Grund auf die Struktur und den Aufbau unserer Sprache zu verstehen, was sie mit der Zeit dazu befähigt, alle Laute in Buchstaben auszudrücken. Basis für das selbstständige Schreiben bildet eine sogenannte Anlauttabelle. Diese besteht aus Buchstaben und Buchstabenkombinationen (wie Pf, St oder Sp), denen jeweils ein Bild zugeordnet ist, das für den entsprechenden Anlaut steht (zum Beispiel eine Spinne für den Anlaut Sp). Mit dieser Tabelle sollen Schüler selbstständig die Buchstaben-Laut-Beziehungen entdecken und anfangen zusammenhängende Wörter zu schreiben. Eine Anlauttabelle kann alphabetisch struktriert sein, nach Vokalen und Konsonanten geordnet sein oder stimmlose und stimmhafte Laute unterscheiden. Das Konzept der Anlauttabelle wurde von dem Pädagogen Jürgen Reichen geprägt, welcher sie als zentrales Werkzeug für seinen Lehrgang „Lesen durch Schreiben" vorsieht.

Übung:
Klanggestalt wahrnehmen

Kinder suchen am Anfang des Schreiblernprozesses häufig einen gegenständlichen Bezug zwischen den geschriebenen Wörtern und deren inhaltlicher Bedeutung. Sie ordnen deshalb einem großen Gegenstand, wie beispielsweise einem Zug, intuitiv viele Buchstaben und einem kleinen Gegenstand, wie einer Taschenlampe, nur wenige zu. Diese Annahme ist gut nachvollziehbar, da sie in den Anfängen der Schrift, zum Beispiel bei den Höhlenmalereien, tatsächlich so funktionierte. Trotzdem müssen Kinder verstehen lernen, dass es sich bei unserem heutigen Alphabet nicht um eine Bilderschrift, sondern um eine Lautschrift handelt. Mit der Übung „Welcher Tiernamen klingt am längsten?" sollen Schreibanfänger lernen, auf die reine Klanggestalt der Wörter und nicht auf deren visuelles Aussehen zu achten.

Welcher Tiername klingt am längsten?
Kreuze die richtige Lösung an.

Dieses Kapitel handelt von den Unterschieden, aber auch von den Gemeinsamkeiten, die Kinder von Natur aus mitbringen. Die Individualität, die sich in Stärken und Schwächen, Begabungen und Vorlieben äußert, soll aktiv ins Schreibenlernen einbezogen werden. Doch nicht nur die Entwicklungsunterschiede und charakterlichen Eigenheiten beeinflussen den Schreiblernprozess, sondern vor allem die Erfahrungen der Kinder. Da jeder anders ist, sollte auch jedem seine eigene Schreibschrift zugestanden werden, die sich mit der Zeit zur persönlichen Handschrift entwickelt.

VER
SCHIE
DEN
HEIT

„Ohne Unterschied macht Gleichheit
keinen Spaß." Dieter Hildebrandt

Individuelle Lernfaktoren

Jedes Kind ist anders und lernt anders. Individuelle Stärken und Schwächen, Begabungen und Vorlieben sollten deshalb auch ins Schreibenlernen mit einbezogen werden. Die Lernprozesse beim Schriftspracherwerb verlaufen sehr unterschiedlich bei Kindern, weshalb es ihnen ermöglicht werden sollte, in ihrem eigenen Tempo auf verschiedenen Wegen zum Ziel zu kommen. Wesentlich dabei sind mehrere Auswahlmöglichkeiten, die individuelle Zugänge zum Schreiben bieten und die unterschiedlichen Voraussetzungen der Kinder berücksichtigen. Eine individuelle Förderung versucht eine Unter- oder Überforderung stets zu vermeiden.

Grundlegend für alle ist jedoch der notwendige Spaß am Schreibenlernen sowie das Interesse, Schrift für die eigenen Zwecke zu nutzen. Die Motivation zum Lernen ist dann am größten, wenn Kinder etwas schreiben wollen, weil sie selbst etwas mitteilen möchten. Darum sollten ihnen Anlässe zum Schreiben geboten werden, die für sie von Bedeutung sind. Neben der Motivation, die Kinder schon von Natur aus mitbringen, sind Emotionen und Aufmerksamkeit die einflussreichsten Faktoren für den Lernprozess. Verknüpft ein Kind negative Emotionen mit dem Schreiben, wie Angst oder Frustration, sinken gleichzeitig die Aufmerksamkeit und die Motivation. Aufforderungen wie „Gib dir mehr Mühe!" bewirken deshalb meist das Gegenteil. Positive Emotionen wie Freude oder Stolz wirken sich dagegen begünstigend auf den Lernerfolg aus. Aus diesem Grund sollten Kinder bei ihren Schreibversuchen stets ermutigt werden. Bei Schwierigkeiten hilft es, alternative Möglichkeiten zu suchen, wie die Buchstaben zu Papier gebracht werden können und mit denen das Schreiben leichter fällt. Beispiele hierfür sind vereinfachte Buchstabenformen, andere Bewegungsabläufe beim Schreiben oder verschiedene Schriftgrößen. In der Regel fällt es Kindern leichter mit großen Buchstaben zu beginnen und sich erst nach und nach an eine normale Schriftgröße anzunähern.

Ziele der Handschrift

Bei erfahrenen Schreibern ist die persönliche Handschrift Ausdruck des Charakters, sie ist einzigartig und an die individuellen Bedürfnisse und Talente angepasst. Sie ist schnell und praktisch zu schreiben, weshalb sie leicht von der Hand geht. Der Zweck einer Handschrift ist das Festhalten von Informationen sowie die Kommunikation mit anderen, insofern sollte die Schrift gut zu lesen sein.

Schreibanfänger müssen erst für sich herausfinden, wie sie am besten schreiben können. Vor ihnen liegt ein langer Weg, bis sie fähig sind, die genannten Eigenschaften einer Handschrift zu erfüllen. Die Bildungsstandards im Fach Deutsch für die Grundschule sehen vor, dass Schüler am Ende der Klasse 4 „eine gut lesbare Handschrift flüssig schreiben" können. Um dieses Ziel zu erreichen, ist es wichtig, die Schriftentwicklung bei Schülern langfristig zu begleiten. Der Grundschulverband hat drei formale Kriterien aufgestellt, an welche sich die Schülerschriften stetig annähern sollten.

Geläufigkeit: Die Schrift soll mit Schwung geschrieben werden.
Formklarheit: Alle Buchstaben sollen eindeutig zu erkennen sein.
Leserlichkeit: Geschriebenes soll gut und einfach zu lesen sein.

Da diese Kriterien von Kindern erst nach und nach erfüllt werden können, ist es wichtig, sie dazu zu motivieren, ihre Schrift ständig weiterzuentwickeln. Sie müssen erst erproben, welche Schreibweisen sich für sie eignen. Dies erfordert, dass sich Kinder mit ihrer eigenen Handschrift aktiv auseinandersetzen. Bisher blieb der Aspekt der Reflexion im Schreibunterricht sowie das Nachdenken und Sprechen über Sprache weitgehend unberücksichtigt. In sogenannten Schriftgesprächen sollte Schülern die Möglichkeit gegeben werden, sich untereinander und mit dem Lehrer über ihre Schriften auszutauschen. Dies regt das Nachdenken über das eigene Schreiben an und fördert die Schriftentwicklung.

GELÄUFIGKEIT
FORMKLARHEIT
LESBARKEIT

„Leserlichkeit ist die Höflichkeit der Handschrift." Friedrich Dürrenmatt

Das ist meine Schrebschrift.

Das ist meine Schreibschrift

Das ist meine Schreibschrift.

Das ist meine Schreibschrift.

Das ist meine Schreibschrift.

Das ist meine Schreibschrift.

Das ist meine Schreibschrift.

Das ist meine Schreibschrift

Das ist meine Schreibschrift.

Das ist meine Schreibschrift.

Ausgangspunkte: Die Entwicklungsunterschiede von Kindern am Schulanfang, im Hinblick auf Sprache und Schrift, betragen drei bis vier Jahre. Kinder lernen auf unterschiedlichen Wegen und unterschiedlich schnell. Lernen ist ein aktiver und selbst gesteuerter Prozess.

Konsequenzen: Ein gleichschrittiger Lehrgang wird den Kindern nicht gerecht. Sie brauchen vielmehr auf das einzelne Kind abgestimmte, herausfordernde Angebote, die individuelle Zugänge und eigenaktives Lernen ermöglichen. Bedeutsame Themen und Inhalte sind wichtig, denn Kinder lernen dann, wenn sie etwas interessiert: Sie lesen, weil sie etwas wissen wollen, und schreiben, weil sie etwas mitteilen möchten.

Spracherfahrungsansatz nach Prof. Dr. Hans Brügelmann und Prof. Dr. Erika Brinkmann.

Erfahrungsschatz von Schreibanfängern

Lernen ist ein konstruktiver Prozess, bei dem, auf Grundlage vorhandener Muster und Vorstellungen, neue Erfahrungen verarbeitet werden. Wissen entsteht deshalb nicht nur durch Informationsübertragung, sondern durch einen aktiven, selbstgesteuerten Prozess, der sich im Kopf der Lernenden abspielt. Er ist das Ergebnis von Interaktionen zwischen dem Kind und seiner Lernumwelt ist.

Kinder kommen mit sehr unterschiedlichen Sprach- und Schrifterfahrungen in die Schule. Viele sind schon in der Lage, ihren eigenen Namen zu schreiben. Meistens ist es jedoch so, dass die Kinder nicht bewusst Buchstaben schreiben können, sondern sich vielmehr eine Art Buchstabenbild eingeprägt haben. Trotzdem bringen sie bereits Vorstellungen mit, wozu Lesen und Schreiben gut ist und wie Schrift funktioniert. Je mehr sie in ihrem Alltag den Umgang mit Schrift als etwas Selbstverständliches erleben, desto näher liegt es für Kinder, sich schon frühzeitig damit zu beschäftigen. Andere sind in ihrem Umfeld wenig mit Schrift in Berührung gekommen, weshalb bei ihnen an einem früheren Punkt im Lernprozess angesetzt werden muss. Die Herausforderung besteht darin, jedes Kind dort abzuholen, wo es steht, ohne es zu überfordern oder zu langweilen. Neben der Persönlichkeit des Kindes müssen deshalb die unterschiedlichen Erfahrungen und Lernvoraussetzungen berücksichtigt werden.

Der Spracherfahrungsansatz nach Brügelmann und Brinkmann beschreibt die Persönlichkeits- und Entwicklungsunterschiede bei Schulkindern. Seine wesentlichen Merkmale finden sich inzwischen in allen Lehr- und Bildungsplänen, bei der Beschreibung der Anforderungen an den Anfangsunterricht im Bereich Lesen und Schreiben, wieder. Der Ansatz legt nahe, auf einen festgelegten Lehrgang zu verzichten und stattdessen Kindern individuelle Zugänge zur Schriftsprache zu ermöglichen.

„Schule muss jedem Kind ermöglichen, sich bestmöglich zu entwickeln."
Erika Brinkmann

Übung:
Buchstabengrößen testen

Weil sich jedes Kind vor der Schule unterschiedlich stark mit Schrift
beschäftigt hat, sollte am Anfang des Erstschreibunterrichts die
spielerische Annäherung an das Alphabet stehen, die alle Kinder an
ihrem individuellen Ausgangspunkt abholt. Beim ersten Umgang
mit Buchstaben werden in der Regel die Großbuchstaben der Druckschrift verwendet, da deren Formen am einfachsten zu schreiben
sind. In dieser Phase sollten Kinder viel Freiheit bekommen, um sich
uneingeschränkt auf das Erproben unserer Schriftzeichen konzentrieren zu können. Dies bedeutet konkret, dass keine Lineaturen oder
Größen vorgegeben werden sollten. In der vorliegenden Übung
kann der Körper des Tieres mit unterschiedlich großen Buchstaben
anhand des „Vogel-V" ausgefüllt werden. Dies trägt neben dem
Einüben der Buchstabenformen zur persönlichen Proportions- und
Größenfindung der kindlichen Handschrift bei. Geübtere Schreiber
können die Form auch mit dem kompletten Begriff „Vogel" füllen.

Fülle das Tier mit seinem Anfangsbuchstaben aus.
Hierbei kannst du verschiedene Größen ausprobieren.

Das folgende Kapitel beschäftigt sich ausführlich mit den Ausgangsschriften, die in der Grundschule aktuell zur Verfügung stehen,
um das Schreiben zu erlernen. Anfangs geht es um das Schriften-
Wirrwarr in Deutschland und darum, was unter einer Ausgangsschrift zu verstehen ist. Anschließend werden die Eigenheiten und
Merkmale der einzelnen Schriftarten analysiert und vorgestellt.
Grundsätzlich kommt es aber darauf an, dass Schüler nicht ge-
zwungen werden, eine der Schriften exakt schreiben zu können. Der
Weg sollte von Anfang an zur eigenen Handschrift hinführen.

HAND
LUNGS
FREI
RAUM

Es war einmal das Schriften-Wirrwarr

1924

Deutsche Sütterlin

Ludwig Sütterlin vereinfachte die damals gängige Kurrentschrift, um den Kindern das Schreibenlernen zu erleichtern. Die Sütterlinschrift wurde 1924 erstmals eingeführt und war ab 1935 als Deutsche Volksschrift Teil des Lehrplans.

1941

Deutsche Normalschrift

Die Sütterlinschrift wurde durch Hitlers Normalschrifterlass verboten und durch die Deutsche Normalschrift in den Schulen ersetzt. Sie wurde einer lateinischen Schreibschrift Sütterlins entlehnt, jedoch in ihren Formen stark vereinfacht.

1953

Lateinische Ausgangsschrift

Die Lateinische Ausgangsschrift wurde aus der Kritik an der Deutschen Normalschrift vom Iserlohner Schreibkreis in Westdeutschland entwickelt. Durch den Erlass der Kultusministerkonferenz wurde diese 1953 verbindlich eingeführt.

1958

Schreibschrift-Vorlage

In der DDR galt ab dem Jahr 1958 die Schreibschrift-Vorlage als offizielle Schulschrift. Die Möglichkeiten für eine Individualisierung waren bei dieser Schreibschrift stark begrenzt, weshalb auch sie bald wieder abgelöst wurde.

1972

Vereinfachte Ausgangsschrift

In Westdeutschland wurde unterdessen die Vereinfachte Schulausgangsschrift von Heinrich Grünewald entwickelt. Sie sollte die Unstimmigkeiten der Lateinischen Ausgangsschrift beseitigen und für die Kinder leichter zu erlernen sein.

1968

Schulausgangsschrift

Zehn Jahre später wurde auf Basis der Schreibschrift-Vorlage die erneuerte Schulausgangsschrift in der DDR entwickelt und eingeführt. Seit der Wiedervereinigung wird diese bis heute in mehreren Bundesländern in Deutschland unterrichtet.

Grundschrift

Ein neues Konzept des Schreibenlernens wurde 2011 vom Grundschulverband mit der Grundschrift vorgestellt. Dabei wird die persönliche Handschrift von Anfang an gefördert und der Bruch zwischen Druck- und Schreibschrift aufgehoben.

2011

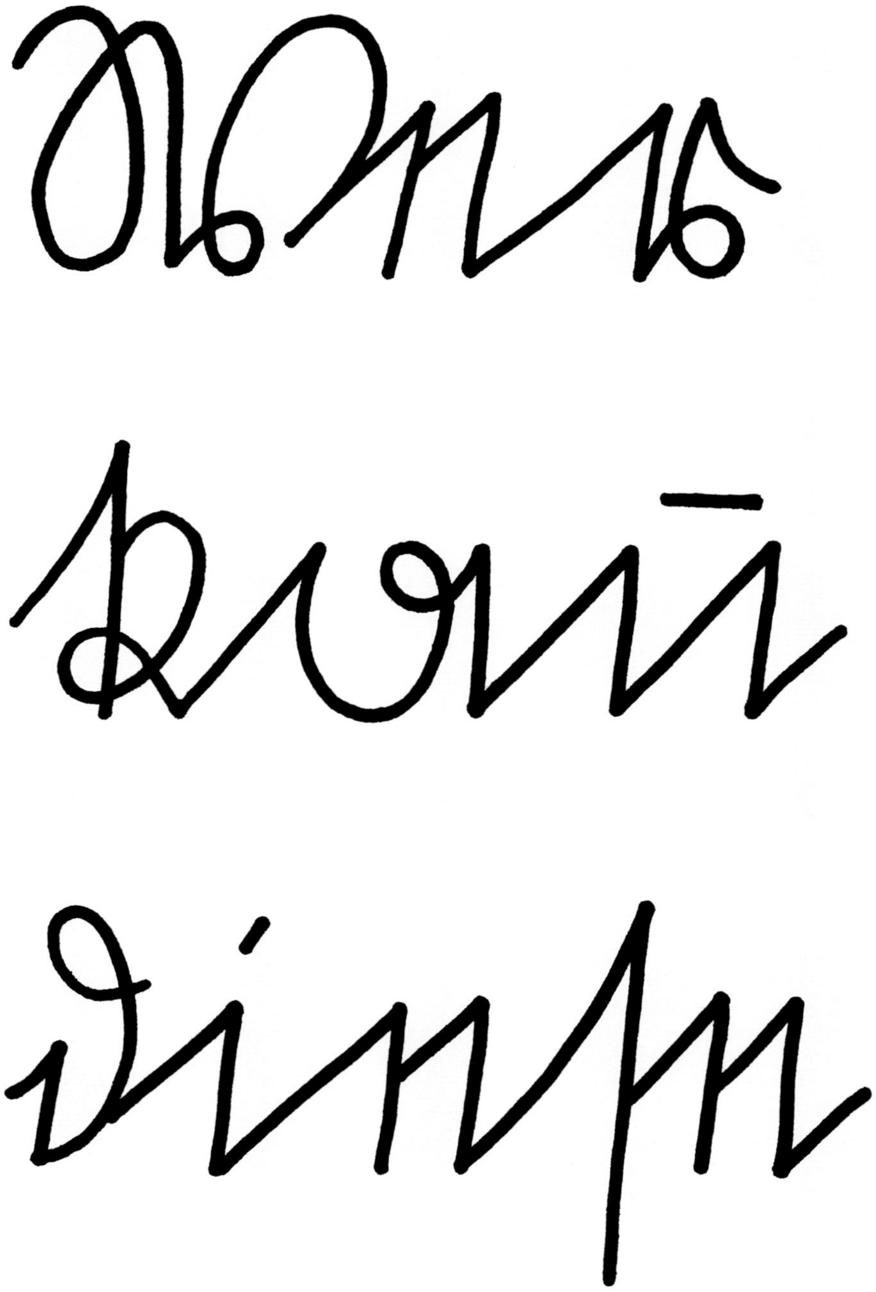

„Wer kann diese Schrift lesen?"
Es handelt sich um die Sütterlinschrift, die erste, eigens für den Schulunterricht entwickelte Ausgangsschrift in Deutschland aus dem Jahr 1924.

ABCDEFGHIJKLM
NOPQRSTUVWXYZ
abcdefghijklm
nopqrstuvwxyz

Grundschrift

ABCDEFGHIJKLM
NOPQRSTUVWXYZ
abcdefghijklm
nopqrstuvwxyz

Lateinische
Ausgangsschrift

ABCDEFGHIJKLM
NOPQRSTUVWXYZ
abcdefghijklm
nopqrstuvwxyz

Schulausgangsschrift

ABCDEFGHIJKLM
NOPQRSTUVWXYZ
abcdefghijklm
nopqrstuvwxyz

Vereinfachte
Ausgangsschrift

Am Anfang steht die Ausgangsschrift

Alle aktuell verwendeten Schreibschriften für die Grundschule werden als Ausgangsschriften bezeichnet. Doch was versteht man überhaupt unter einer sogenannten Ausgangsschrift? Zunächst handelt es sich dabei um eine Schrift für das Schreibenlernen. Allerdings ist es inzwischen in den meisten Schulen üblich, zuerst mit der Druckschrift anzufangen und später das verbundene Schreiben mithilfe einer Schreibschrift einzuüben. Die Druckschrift begegnet Kindern auch beim Lesenlernen, und die Buchstabenformen sind im Allgemeinen einfacher als bei einer Schreibschrift zu schreiben.

Da bei der Druckschrift die Buchstaben separat nebeneinander stehen, sie also nicht verbunden werden, kommt kein homogener Schreibfluss zustande. Bisher wird deshalb anschließend eine verbundene Schreibschrift gelehrt. Momentan stehen in Deutschland dafür insgesamt vier Ausgangsschriften zur Verfügung: die Grundschrift, die Lateinische Ausgangsschrift, die Schulausgangsschrift und die Vereinfachte Ausgangsschrift. Welche Schrift an einer Schule gelehrt wird, wird sowohl von den Bundesländern als auch von den Schulen selbst entschieden. Dadurch wird Schülern vorgeschrieben, eine bestimmte Schrift zu lernen, die ihnen vielleicht gar nicht liegt. Diese Herangehensweise ist Ursache für viele Schreibprobleme. Zudem haben viele Lehrkräfte den Grundgedanken einer Ausgangsschrift nicht verstanden. Sie soll nämlich lediglich der Ausgangspunkt für das eigene Schreiben sein. Das heißt, es müssen keine exakten Vorgaben wie bei einer Normschrift eingehalten werden. Die individuelle Schreibweise sollte von Anfang an gefördert werden, damit sich Kinder nicht zuerst eine standardisierte Schreibschrift mühsam aneignen müssen und erst später ihre persönliche Handschrift entwickeln können.

	BW	BY	BE	BB	HB	HH	HE	MV	NI	NW	RP	SL	SN	ST	SH	TH*
																Bundesland
Grundschrift						X	X									
Lateinische Ausgangsschrift	X						X		X	X	X					
Schulausgangsschrift			X	X		X		X		X		X	X			
Vereinfachte Ausgangsschrift	X	X		X	X		X	X		X	X				X	X

(Stand der Tabelle: Oktober 2013) X Wahlmöglichkeit X Pflicht

*In Thüringen muss seit 2010 nur noch die Druckschrift erlernt werden. Eine Ausgangsschrift kann zusätzlich unterrichtet werden.

Freiheit für die Buchstaben

Die perfekte Schulschrift für alle Kinder gibt es nicht, und es wird sie auch nie geben. Jedes Kind muss individuell für sich herausfinden, wie es am besten schreiben kann. Hierfür sollten ihm mehrere Wege und Möglichkeiten aufgezeigt werden, damit es die für sich geeigneten Schreibweisen finden kann. Außerdem sollte dem Kind die notwendige Freiheit und Zeit gegeben werden, damit es vieles ausprobieren kann und es nicht von starren Vorgaben im Schreiblernprozess behindert wird. Konkret bedeutet dies, dass es sich an keine Lineaturen, Größen oder exakte Schriftvorgaben halten muss. Am Anfang sollen sich die Schüler auf die reinen Buchstabenformen konzentrieren, verschiedene Proportionen testen und herausfinden, ob sie eher groß oder eher klein besser schreiben können. Erst wenn sie die Buchstaben sicher beherrschen, sollen sie das Schreiben auf einer Grundlinie erlernen. Dabei kann ihnen zusätzlich ein Mittelband angeboten werden, welches auf den Schwerpunktbereich der Buchstaben hinweist und somit eine bessere Orientierung gibt.

Um dieses Schreiblehrkonzept durchführen zu können, bedarf es einer besonderen Förderung der Schüler. Bei den bisherigen Schreiblehrgängen wurde ausschließlich in Klasse 1 und 2 das Schreiben geübt. Beim neuen Konzept sollten die Schüler intensiv von Klasse 1 bis 4, am besten auch darüber hinaus, bei der Entwicklung ihrer persönlichen Handschrift unterstützt werden. Diese Methode wurde im Zusammenhang mit der Grundschrift von einer Expertengruppe des Grundschulverbands entwickelt. Die Grundschrift bietet alle Möglichkeiten zur Individualisierung und eignet sich deshalb am besten dafür. Trotzdem kann dieses Konzept auch mit den anderen Ausgangsschriften durchgeführt werden, indem die Buchstabenformen auch von den Vorgaben abweichen dürfen. Dies ermöglicht allen Kindern, ihren persönlichen Ausdruck in ihre Schreibschrift miteinzubringen und vor allem schreibschwachen Kindern eine Chance darauf, Spaß am Schreiben zu entwickeln.

Die Buchstaben der Grundschrift sollen
mit Schwung geschrieben werden.

A B C D E F

N O P Q R S T

a b c d e f g h i j k l m

Die Grundschrift

Die Grundschrift ist der Schrift nachempfunden, die Kinder tagtäglich in ihrer Lebenswelt sehen und erleben: die Druckschrift. Mithilfe von nachgeahmten Druckbuchstaben fangen viele Kinder schon an, Buchstaben zu schreiben, bevor sie eingeschult werden. Aus diesem Grund beginnen heute die meisten Lehrkräfte mit der Druckschrift das Schreiben zu unterrichten.

Allerdings kommt es bislang nach der 1. Klasse zum Bruch, wenn eine Schreibschrift gelernt werden soll. Diesen Zwischenschritt hebt die Grundschrift auf, indem die Schüler nur die eine Schrift lernen müssen. So lernen sie das Lesen und das Schreiben mit derselben Schrift, weil das Schreiben von Wörtern auch die Lesefähigkeit und das Lesen von Wörtern auch die Schreibfähigkeit schult. Vom ersten Schreiben mit der Grundschrift sollen Kinder individuell ihre persönliche Handschrift entwickeln. Dieser Prozess wird durch das Betrachten von Schriftproben, das Experimentieren mit Schrift und die Beratung durch die Lehrkraft unterstützt. Auf den folgenden Seiten werden die Besonderheiten und Merkmale der Grundschrift näher erläutert.

GHIJKLM
UVWXYZ
opqrstuvwxyz

Schreiben mit Schwung

Das wichtigste Gebot der Grundschrift ist, dass alle Buchstaben
in einer flüssigen Bewegung und mit Schwung geschrieben werden
sollen. Dies unterscheidet sie unter anderem von der Druckschrift.
Bei den Bewegungsabläufen der Grundschrift haben immer zwei
Prinzipien Vorrang. Die Schreibbewegung sollte von links nach rechts
und von oben nach unten vollzogen werden. Haben Kinder entge-
gen diesen beiden Prinzipien einen anderen Bewegungsablauf für
sich gefunden, bei dem sie auch bleiben wollen, hat der individuell
gewählte Ablauf immer Vorrang. Voraussetzung ist allerdings, dass
der Buchstabe dabei formklar und formstabil bleibt.

Die Grundschrift bietet zu den Bewegungsabläufen eine Kartei an,
bei der innerhalb der Buchstaben Pfeile eingezeichnet sind, welche
die empfohlene Bewegungsrichtung markieren. Die Karteikarten
sind in erster Linie zum Nachfahren der Buchstabenformen mit dem
Finger gedacht. Dadurch sollen nach und nach Automatismen in
den Bewegungsabläufen verinnerlicht werden, die dann zur eigenen
Handschrift hinführen. Zusätzlich werden die Buchstaben dabei in
sechs Bewegungsgruppen eingeteilt. Hierzu sind die Buchstaben
zu einer Gruppe zusammengefasst, die einen ähnlichen Bewegungsablauf haben. Es hat sich als geeignet und bewegungsökonomisch
erwiesen, bei diesen strukturverwandten Buchstaben jeweils den
gleichen Bewegungsablauf einzuüben.

Bewegungsgruppe		Buchstaben
I	Einfacher Abstrich, einfacher Abstrich mit Aufstrich	Ii l Uu
II	Einfacher Abstrich mit anschließendem Querstrich	E Ff H L Tt
III	Linksoval, Drehrichtung gegen den Uhrzeigersinn	a Cc d e Gg Oo Qq
IV	Rechtsoval, Abstrich mit nachfolgender Arkadenbewegung, Drehrichtung im Uhrzeigersinn	Bb D h m n P Rr
V	Zickzacklinie, Richtungswechsel im Haltepunkt	A M N Vv Ww
VI	Einzelformen	Jj Kk Ss Xx Yy Zz

Elementar sind die beiden Prinzipien:
Die Schreibbewegung wird von links
nach rechts und von oben nach unten
vollzogen. Jedoch haben individuelle
Vorlieben immer Vorrang.

A K M R

Großbuchstaben
mit Verbindungs-
häkchen

a d h i n

Kinder

Unverbundene
Schreibweise

Kinder

Verbundene
Schreibweise

Kinder

Teilverbundene
Schreibweise

Das A und O der eigenen Schreibschrift

Häufig wird der Begriff Schreibschrift als eine Schrift verstanden, bei der jeder Buchstabe in einem Wort miteinander verbunden werden muss. In der Praxis hat sich jedoch gezeigt, dass die meisten Menschen nach höchstens vier sichtbar verbundenen Buchstaben absetzen. Dabei wird der Stift häufig nur für Millisekunden vom Blatt gehoben, sodass der Schreibfluss durch kurze Luftsprünge unterbrochen wird. Dies entspannt die Handmuskulatur und vermeidet unökonomische Hin- und Herbewegungen auf dem Papier.

Das Konzept der Grundschrift ermöglicht sowohl die unverbundene, die teilverbundene als auch die verbundene Schreibweise. Je nachdem was dem jeweiligen Schreiber liegt, kann er sich für eine der drei Varianten entscheiden. Allerdings hat sich, wie beschrieben, die teilverbundene Schreibweise als am geeignetsten erwiesen, um eine flüssige Schreibbewegung erlangen zu können. Um diese Variabilität in der Schreibweise zu ermöglichen, müssen die Buchstaben individuell angepasst werden. Möchte ein Kind bestimmte Buchstaben verbinden, können an diese Verbindungshäkchen angesetzt werden. Desweiteren sind Buchstabenvarianten möglich, die eventuell leichter von der Hand gehen und mehr Schwung beim Schreiben ermöglichen. Deshalb ist das A und O der Grundschrift, sämtliche Buchstaben- und Verbindungsvarianten auszutesten, damit jeder seine persönliche und für sich ideale Schreibweise findet.

Buchstaben-varianten

A B C D E F G

N O P Q R S T

a b c d e f g h i j k l m

Die Lateinische Ausgangsschrift

Die Lateinische Ausgangsschrift ist die älteste der aktuellen Ausgangsschriften. Sie kommt deshalb mit vielen Schnörkeln daher sowie mit der Absicht, alle Buchstaben miteinander sichtbar zu verbinden. Die verbundene Schreibschrift ist dabei jedoch nicht als eine Norm- oder Zielschrift zu verstehen, die alle Kinder möglichst exakt und einheitlich schreiben können sollen. Sie soll vielmehr ein Hilfsmittel sein, um aus der teilweise noch unbeholfenen Druckschrift der Kinder eine Schrift zu entwickeln, die ihnen leichter von der Hand geht. Hierfür müssen die Kinder bereits die Druckschrift so sicher beherrschen, dass sie dazu im Stande sind, selbstständig eigene kleine Texte niederzuschreiben. Erst dann haben sie sicher verstanden, wie unsere alphabetische Schrift funktioniert, und können beginnen, sich auf die ästhetische Entwicklung ihrer persönlichen Handschrift zu konzentrieren. Auf den folgenden vier Seiten werden die Besonderheiten und Merkmale der Lateinischen Ausgangsschrift näher erläutert.

H I J K L M

U V W X Y Z

o p q r s t u v w x y z

Wie man es auch
dreht und wendet

Die Lateinische Ausgangsschrift ist mit ihren vielen Schleifen und Wendebögen eine sehr verschnörkelte Schrift. Diese bringen zahlreiche Drehrichtungswechsel in der Schreibbewegung mit sich, die für manche Kinder schwer zu bewältigen sind. Ein Drehrichtungswechsel liegt immer dann vor, wenn eine Arkade in eine Girlande übergeht oder umgekehrt. Als Girlande wird eine Linksdrehung, als Arkade eine Rechtsdrehung beim Schreiben bezeichnet.

Betrachtet man die Handschriften von Erwachsenen, die in ihrer Schulzeit die Lateinische Ausgangsschrift gelernt haben, fällt auf, dass viele Elemente vereinfacht wurden. Es gibt eine deutliche Reduzierung der Drehrichtungswechsel und Deckstriche sowie eine Vereinfachung der komplizierten Schleifen und Flammenlinien. Dies geschieht meist unbewusst im Interesse einer flüssigen, gut lesbaren Handschrift. Besonders die schnörkelreichen Großbuchstaben der Lateinischen Ausgangsschrift werden meist durch die eher schlichten Großbuchstaben der Druckschrift ersetzt. Da in der Weiterentwicklung dieser Schreibschrift also offensichtlich viele Erleichterungen gesucht und vorgenommen werden, sollte bereits den Schulkindern ermöglicht werden, alternative Möglichkeiten zu nutzen. Es ist nicht sinnvoll, wenn sich Kinder erst mühevoll schwierige Bewegungsabläufe aneignen, wenn diese später von selbst ohnehin wieder verändert werden.

In der Lateinischen Ausgangsschrift liegt beim Wort „lachen" ein siebenmaliger Drehrichtungswechsel vor.

Linksdrehung:
Linksoval, das zur Girlande wird

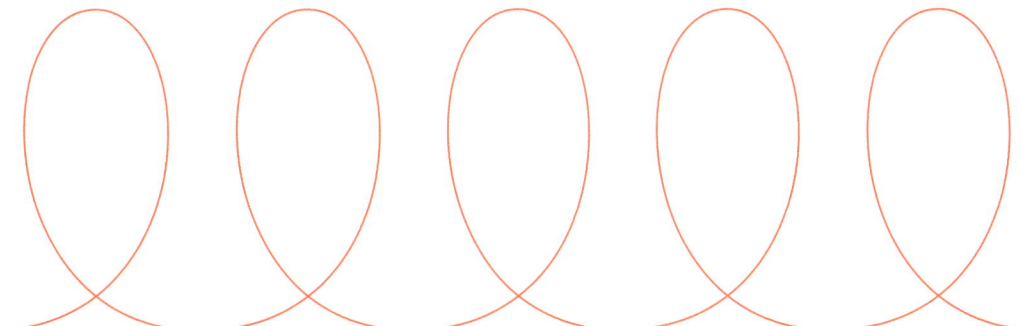

Rechtsdrehung:
Rechtsoval, das zur Arkade wird

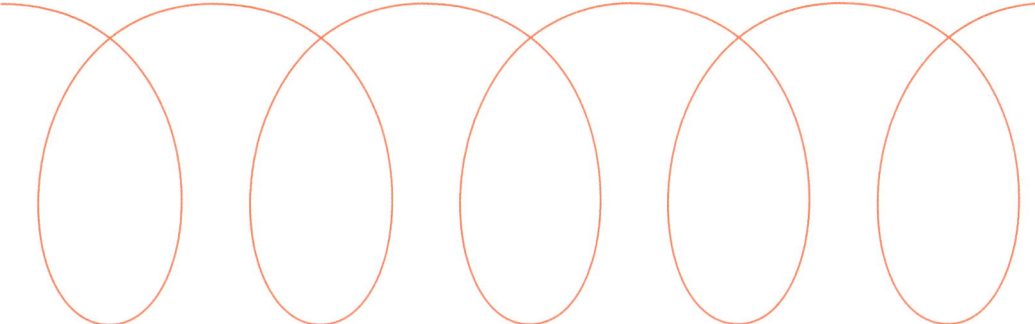

lachen

Bei einer durchgängig verbundenen
Schrift sind Deckstriche notwendig,
die den Wechsel der Schreibrichtung
innerhalb der Buchstabenform möglich machen.

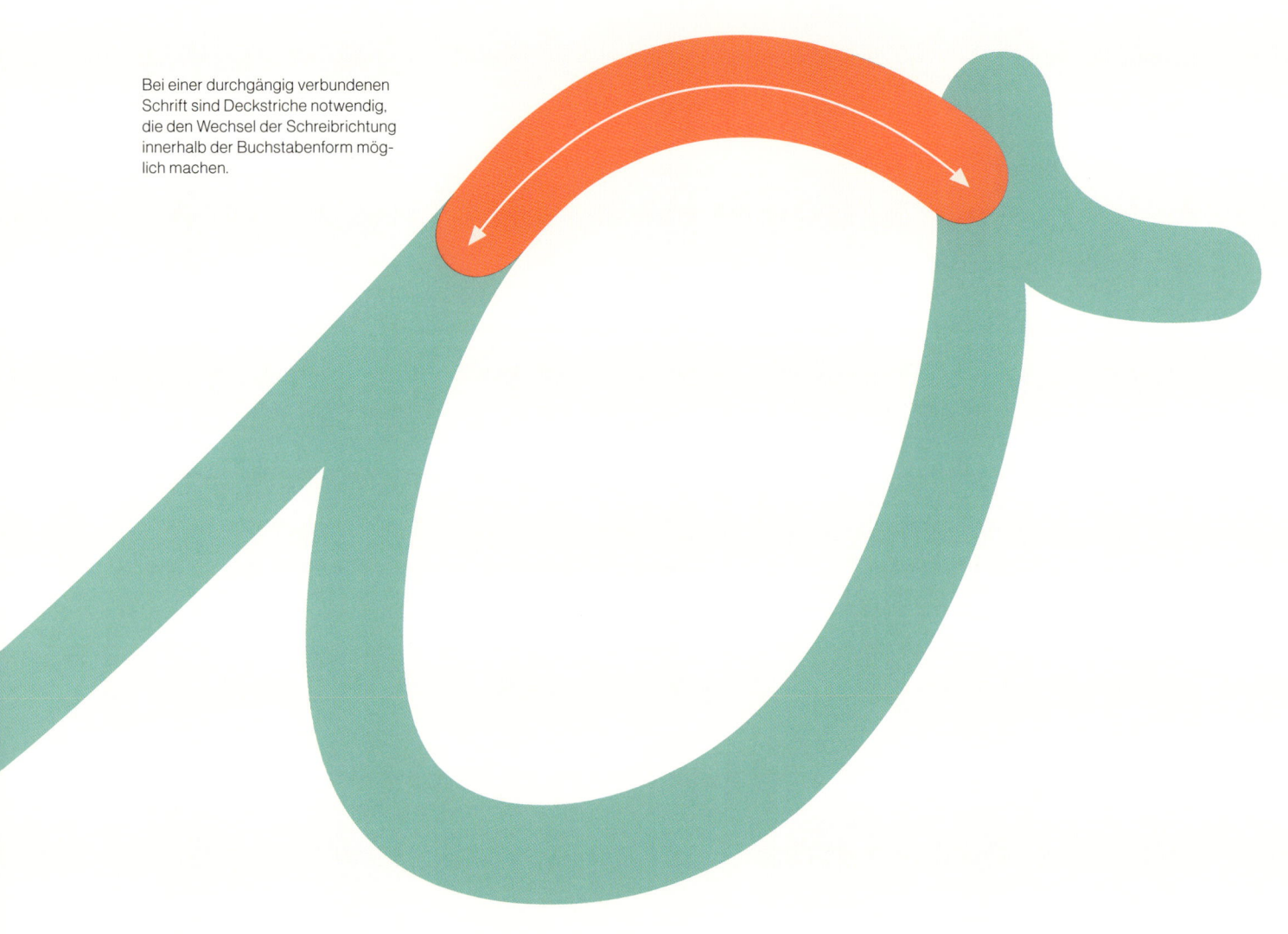

Bei der Lateinischen Ausgangsschrift wird die maximale Verbundenheit der Buchstaben angestrebt.

Deckungsgleich

Oftmals gehen Drehrichtungswechsel mit den sogenannten Deckstrichen einher. Dabei handelt es sich um deckungsgleiche Striche in entgegengesetzter Schreibrichtung, die eine weitere Schwierigkeit für den Schreibanfänger darstellen. Weil in der Lateinischen Ausgangsschrift eine maximale Verbundenheit der Buchstaben angestrebt wird, müssen die notwendigen Deckstriche, zum Beispiel bei den Buchstaben a, d, g und o, exakt deckungsgleich sein, damit die definierende Buchstabenform erhalten bleibt. Darum ist es wichtig, bei den Kindern darauf zu achten, dass diese Deckstriche von Anfang an sorgfältig eingeübt werden.

Anders als früher geht man heute aber nicht mehr davon aus, dass die Wörter „in einem Zug" geschrieben werden sollen. Spezielle Untersuchungen haben gezeigt, dass dies zu Verkrampfungen der Hand und zu erhöhtem Schreibdruck führt. Die Lateinische Ausgangsschrift sieht jedoch keine „Haltestellen" zur Entspannung der Schreibhand vor. Für die Automatisierung der Schreibbewegung ist es aber bedeutsam, dass das Schreiben durch natürliche Haltestellen strukturiert wird. Um die Schreibbewegung für einen kurzen Augenblick zu unterbrechen, können Haltepunkte in den Buchstaben selbst oder Buchstabenenden genutzt werden. Deshalb sollten die Kinder dabei unterstützt werden, bewusst individuell günstige Punkte zum Anhalten zwischen und in den Buchstaben zu finden.

Eine neutrale Schreibschrift begünstigt die
persönliche Schriftentwicklung, da sie den
Schreiber nicht auf unnötige Details festlegt.

A B C D E F G

N O P Q R S T

a b c d e f g h i j k l m

Die Schulausgangsschrift

Die Schulausgangsschrift stellt eine Vereinfachung und Weiterentwicklung der Schreibschrift-Vorlage aus der DDR dar. Bereits im Jahr 1961 befassten sich die Schreibdidaktikerin Elisabeth Kaestner und die Schriftgrafikerin Renate Tost in Schulversuchen mit der Entwicklung und Erprobung verschiedener Alphabetvarianten für den Schreibunterricht. Das Ergebnis dieser Untersuchungen war die Schulausgangsschrift, die bis heute in mehreren Bundesländern, insbesondere im Osten Deutschlands, unterrichtet wird.

Anlass für die Entwicklung der Schrift waren sowohl didaktische Anforderungen als auch ästhetische Gründe. Sie ähnelt in ihrer Formensprache der Lateinischen Ausgangsschrift, allerdings ist sie wesentlich neutraler gestaltet und enthält einige Buchstabenvarianten, die weniger verschnörkelt und mehr der Druckschrift angenähert sind. Die neutrale Gestaltung begünstigt die individuelle Schriftentwicklung, weil sie den Schreibanfänger nicht auf unnötige Details festlegt. Auf den folgenden Seiten werden die Besonderheiten und Merkmale der Schulausgangsschrift näher erläutert.

H J J K L M
U V W X Y Z
n o p q r s t u v w x y z

Schnörkelfreie Großbuchstaben

Die aufwendige Gestaltung der Großbuchstaben, wie sie bei der alten Schreibschrift-Vorlage üblich war und bei der Lateinischen Ausgangsschrift heute immer noch ist, verlangsamt den Schreiblernprozess nachweislich. Die komplizierten Buchstabenformen müssen viel öfter geübt werden und können dadurch erst später automatisiert werden als zum Beispiel die der Druckschrift.

Zusätzlich kann man beobachten, dass die Handschriften von Erwachsenen den bevorzugten Gebrauch vereinfachter Großbuchstabenformen aufweisen. Aus diesem Grund wurden die Versalien der Schulausgangsschrift in ihrer Form an die der Druckbuchstaben angenähert. Die Charakteristika der einzelnen Buchstaben und deren unterscheidende Merkmale treten so zusätzlich klarer hervor und werden nicht länger durch Schleifen oder Wellenlinien überlagert. Die Schüler prägen sich die einfachen Formen leichter und nachhaltiger ein. Außerdem werden die Buchstaben weniger schnell verformt und die markanten Eigenschaften bleiben auch beim schnellen Schreiben erhalten. Das Schriftbild wirkt dadurch insgesamt klarer und die orthografische Funktion der Großbuchstaben tritt deutlicher in den Vordergrund.

Die vereinfachten Formen der Großbuchstaben prägen sich bei Schülern schneller und besser ein.

Die Großbuchstaben der Schulausgangsschrift wurden im Vergleich
zur Lateinischen Ausgangsschrift
in ihrer Form den Druckbuchstaben
angenähert.

Einige Kleinbuchstaben weisen geringe
Anpassungen an ihren Verbindungsstellen, verglichen mit der Lateinischen
Ausgangsschrift, auf. Sie sind in ihrer
Form geschlossener, sodass sie sich
bei der Anbindung an andere Buchstaben besser voneinander abgrenzen.

Verbindungsprobleme

Heute weiß man, dass das Ausschlaggebende beim Schreibenlernen nicht allein im grafischen Nachformen von Buchstabenfiguren
liegt, sondern vielmehr in der Ausbildung zweckmäßiger Bewegungsabläufe, die dem späteren geläufigen und automatisierten
Schreiben den Weg bereiten. Um diesem Umstand entgegenzu-
kommen, wurde bei den Kleinbuchstaben der Schulausgangsschrift
versucht, den natürlichen Schreibfluss zu berücksichtigen.

Der für das Schreiben typische Auf-ab-auf-Rhythmus sollte durch
die straffere Führung von Auf- und Abstrichen unterstützt werden,
damit er flüssiger und dynamischer vollzogen werden kann. Einige
Buchstaben, wie zum Beispiel b, v und w, weisen deshalb im Vergleich zur alten Schreibschrift-Vorlage, aber auch zur Lateinischen
Ausgangsschrift, kleine Anpassungen an ihren Verbindungsstellen
auf. Sie stellen sich in ihrer Gesamtform geschlossener dar, sodass
bei der Verbindung mit anderen Buchstaben ihre Formen besser
voneinander abgegrenzt sind und sie deutlicher ineinander über-
gehen. Da zur Anbindung der unterschiedlichen Buchstaben aber
teilweise verschiedene Verbindungsstriche in einem Wort notwendig sind, bieten die Kleinbuchstaben auch potenzielle Problem-
stellen. Zum Beispiel kann das kleine t durch seinen Schnörkel bei
der Buchstabenverbindung Schwierigkeiten bereiten. In diesem
Fall sollten den Kindern alternative Varianten angeboten werden,
die eine einfachere Anbindung ermöglichen. Daneben gibt es, wie
bei der Lateinischen Ausgangsschrift, viele Deckstriche, die exakt
deckungsgleich geschrieben werden müssen. Diese sind in der
Schulausgangsschrift jedoch verkürzt und somit etwas leichter für
die Schüler zu schreiben.

Der Verbindungs-Schnörkel des
kleinen t verursacht bei vielen Schreibanfängern Schwierigkeiten.

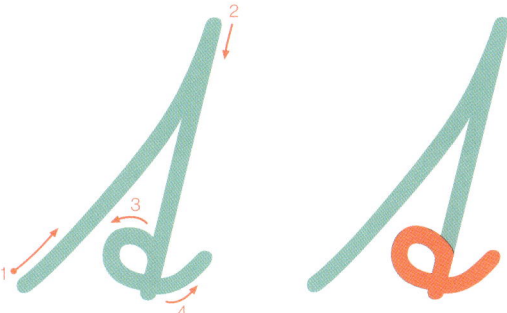

ABCDEFG

NOPQRST

abcdefghijklm

Die Vereinfachte
Ausgangsschrift

Die Weiterentwicklung der Schreibschrift-Vorlage zur Schulausgangsschrift in der DDR kann mit der Entwicklung der Lateinischen zur Vereinfachten Ausgangsschrift verglichen werden. Auch hier fand eine Annäherung an die Druckschrift statt, was den Kindern das Schreibenlernen erleichtern und Unstimmigkeiten der Lateinischen Ausgangsschrift ausräumen sollte.

Bei der Gestaltung wurde auf einen konsequenten und logischen Schreibfluss geachtet, auf eine leichtere motorische Umsetzung sowie auf den Verzicht von unnötig schmückenden Formelementen. Außerdem sah die Vereinfachte Ausgangsschrift als erste Schreibschrift Haltestellen beim Schreiben vor und erlaubte es, manche Großbuchstaben nicht an den nächsten Buchstaben anzubinden. Da es jedoch einige Kritik an der Vereinfachten Ausgangsschrift gibt, ersetzte sie zu keinem Zeitpunkt die Lateinische Ausgangsschrift, sondern existierte immer parallel. Auf den folgenden Seiten werden die Besonderheiten und Merkmale der Vereinfachten Ausgangsschrift näher erläutert.

Die Großbuchstaben werden in ihrer
Form den Druckbuchstaben angenähert.

DLa

Mut zur Lücke

Betrachtet man die Großbuchstaben der Lateinischen und der Vereinfachten Ausgangsschrift im Vergleich, fällt sofort auf, dass sich die der Vereinfachten Ausgangsschrift an der Druckschrift orientieren, ähnlich wie bei der Schulausgangsschrift. Die Vorteile liegen bei den druckbuchstabenähnlichen Versalien darin, dass die grundsätzlichen Buchstabenformen den Kindern bereits bekannt sind und sich die Formen wesentlich schneller und flüssiger schreiben lassen als die der verschnörkelten Lateinischen Ausgangsschrift.

Kritiker bemängeln, dass einige Großbuchstaben der Vereinfachten Ausgangsschrift keine Verbindung mit dem folgenden Kleinbuchstaben eingehen. Zwischen dem Anfangsbuchstaben und dem zweiten Buchstaben des Wortes entsteht deshalb gelegentlich eine sichtbare Lücke. Jedoch liegt genau hierin eine Innovation der Vereinfachten Ausgangsschrift, weil sie damit das teilverbundene Schreiben ermöglicht. Die Kinder haben meist keine Probleme mit dem Verständnis hinsichtlich des Zusammen- oder Getrenntschreibens am Wortanfang, da ihnen klar ist, dass ein Substantiv immer mit einem Großbuchstaben beginnt. Außerdem ist die Annahme falsch, dass in der Lateinischen Ausgangsschrift alle Großbuchstaben mit den Kleinbuchstaben in direkter Verbindung stehen. Auch hier gibt es Großbuchstaben, die diese Verbindung nicht richtig eingehen. Durch den Aufstrich des folgenden Kleinbuchstabens entsteht zwar eine optische Verbindung, in der Schreibbewegung selbst macht dies jedoch keinen Unterschied.

Baukastensystem

Die schnörkellose Vereinfachte Ausgangsschrift bietet den Kindern beim Schreibenlernen einen ganz wesentlichen Vorteil gegenüber den älteren Ausgangsschriften. Alle Kleinbuchstaben beginnen und enden am oberen Rand des Mittelbands, wodurch sie nach dem Baukastensystem zu Wörtern zusammenfügt werden können. Dies ist für den Schreibfluss von großer Bedeutung, da sich die Anfangspunkte aller Kleinbuchstaben auf derselben Höhe befinden und sie somit als Haltestellen während des Schreibens genutzt werden können. Bei der Lateinischen Ausgangsschrift hingegen gibt es insgesamt vier unterschiedliche Möglichkeiten zur Verbindung von Buchstaben und keine vorgesehenen Pausen im Schreibfluss.

Das vereinheitlichte System der Vereinfachten Ausgangsschrift bringt jedoch auch Nachteile mit sich. Bei bestimmten Buchstaben wird eine Linienführung notwendig, die für manche Kinder eine große Schwierigkeit darstellt. Das bekannteste Beispiel hierfür ist das sogenannte Köpfchen-e, bei dem der Schreibfluss kurz unterbrochen werden muss, um das Köpfchen vom oberen Rand des Mittelbandes vollziehen zu können. Bei der Verbindung von einem kleinen l zu einem e kann zum Beispiel leicht ein optisches be entstehen. Da jedoch bei der Vereinfachten Ausgangsschrift, wie bei allen anderen Ausgangsschriften auch, keine Normschrift angestrebt werden sollte, ist es möglich, sich des kleinen e anderer Schriften zu bedienen. Auch wenn dies der Logik des Baukastensystems widerspricht, sollten Kindern Kompromissmöglichkeiten angeboten werden, die ihre Suche nach den ihnen gelegenen Schreibbewegungen erleichtern.

Anbindung des kleinen e bei der Lateinischen Ausgangsschrift.

Anbindung des kleinen e bei der Vereinfachten Ausgangsschrift.

lieben

lieben

Übung:
Schriften ausprobieren

Weil Kinder ihre individuell günstigen Abläufe und Bewegungen beim Schreiben erst einmal finden müssen, ist es wichtig, sie viel mit Schrift experimentieren zu lassen. Egal mit welcher Ausgangsschrift sie das Schreiben erlernen, sollte ihnen ermöglicht werden, auch andere Schriften kennenzulernen und auszuprobieren. Dies können die verschiedenen Ausgangsschriften sein, wie in dieser Übung, aber genauso chinesische Schriftzeichen oder die Sütterlinschrift. Es kommt darauf an, dass Kindern unterschiedliche Varianten und Möglichkeiten an Linienführungen und Buchstaben angeboten werden, aus denen sie die jeweils praktischen Elemente für ihre eigene Handschrift übernehmen können. Aus diesem Grund fördert die Beschäftigung mit jeglicher Art von Schrift die Weiterentwicklung und die Ausbildung der individuellen Schreibweise.

Welche Ausgangsschrift liegt dir am besten?
Probiere den Buchstaben A in den verschiedenen Schriften aus.

Das abschließende Kapitel zur Begeisterung beschreibt, wie wichtig es ist, dass Kinder Spaß am Schreiben haben. Der Faktor Spaß gilt als wichtigster Motor in jedem Lernprozess und sollte deswegen niemals zu kurz kommen. Beim Schreiben gibt es viele Möglichkeiten, den Unterricht kreativ zu gestalten. Der spielerische Umgang mit Buchstaben und Wörtern erweckt zum einen ein positives Gefühl für Schrift und fördert zum anderen die Entwicklung des eigenen Schreibens. Zentral ist, dass Kindern Anlässe geboten werden, bei denen sie von sich aus viel Mühe und Sorgfalt investieren möchten.

BE
GEIS
TER
UNG

"Es ist die wichtigste Kunst des Lehrers, die Freude am Schaffen und am Erkennen zu erwecken." Albert Einstein

Spaß am Schreibenlernen

Wie in den vergangenen Kapiteln ausgeführt, ist das schlussendliche und wesentliche Ziel des Schreibunterrichts in der Grundschule: die Entwicklung einer persönlichen Handschrift. Die wichtigsten Anforderungen an die Schrift sind dabei eine gute Lesbarkeit und eine flüssig ablaufende Schreibbewegung. Je nach Anlass des Schreibens werden diese Kriterien mal mehr oder weniger erfüllt werden. Jeder Schreiberfahrene kennt von sich selbst, dass er beim Schreiben eines wichtigen Briefs oder eines schönen Gedichts mehr Mühe und Sorgfalt investiert als bei flüchtigen Notizen, bei denen es vor allem auf die Schnelligkeit ankommt.

In den Anfängen des Schreiblernprozesses sind die Kinder damit beschäftigt, Buchstabenformen einzuüben und günstige Schreibbewegungen für sich zu finden. Erst wenn sie eine Technik für sich entwickelt haben, die nicht mehr allzu viel Konzentration für jeden einzelnen Buchstaben erfordert, kann begonnen werden, auf die ästhetischen Aspekte der Schrift einzugehen. Um eine individuelle Handschrift ausbilden zu können, die auch noch lesbar und geläufig ist, hilft nur eines: viel Übung. Und damit Kinder viel und gerne das Schreiben üben, müssen sie Freude daran finden und aus eigenem Interesse Dinge anfangen aufzuschreiben. Das Verfassen eigener Schriftstücke verschafft Schreibanfängern nämlich eine große Befriedigung, wenn es zwanglos und mit Spaß geschieht. Der eigene Stolz und die Anerkennung von außen sind dabei wichtige Faktoren, die die stetige Weiterentwicklung der kindlichen Schrift fördern. Ob kleine Gedichte, Kurzgeschichten oder ausführliche Briefe, als Schreibtraining sind solche Werke besonders für den schulischen Erfolg von unschätzbarem Wert. Es kommt also darauf an, dass Kindern Gelegenheiten geboten werden, bei denen sie die Schrift als bedeutsam erfahren. In diesem Fall wird sich ein Kind von ganz allein um eine schöne Handschrift bemühen.

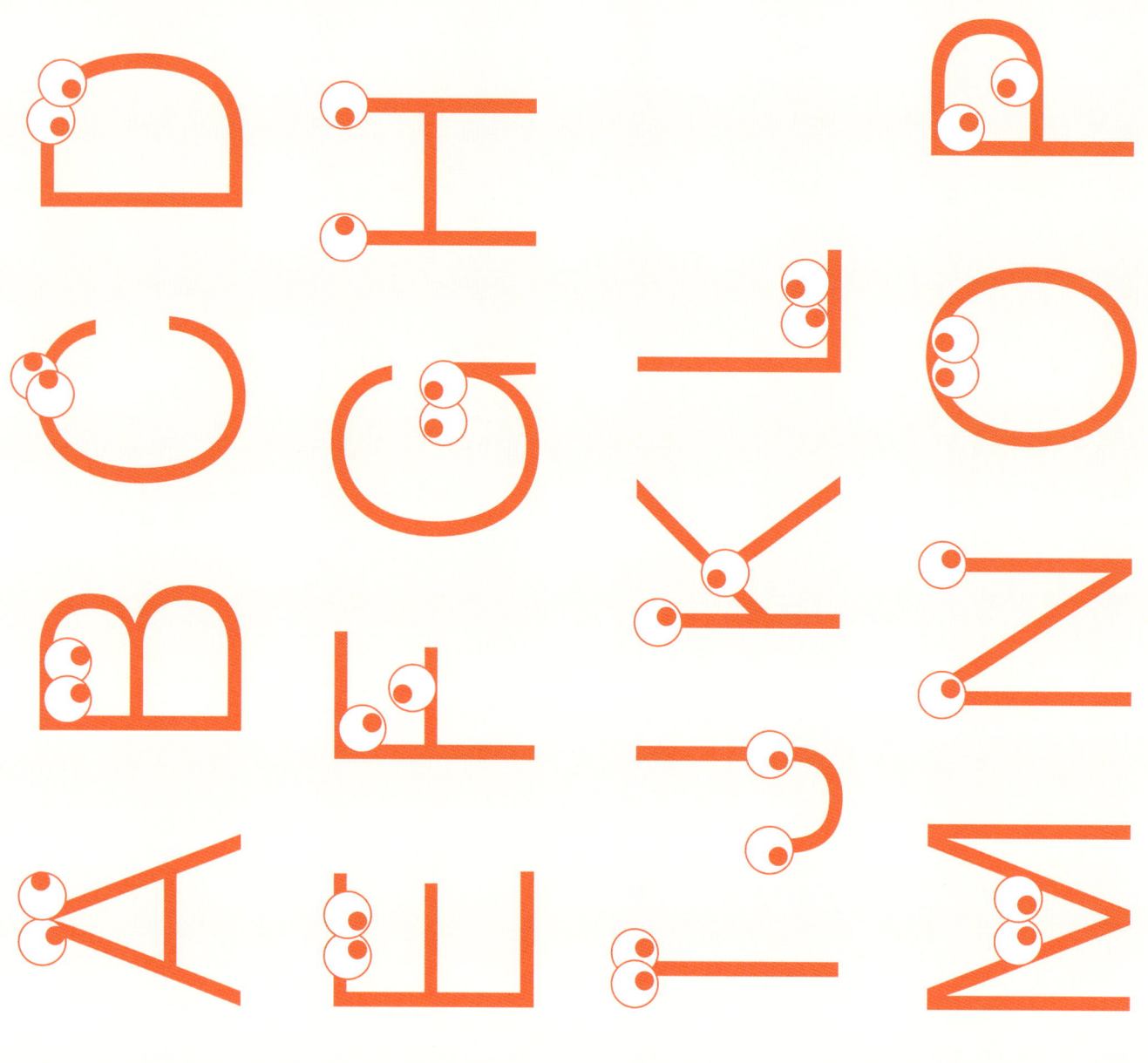

Der spielerische Umgang mit unserem Alphabet eröffnet Schreibanfängern einen Zugang zum Schreiben und die Möglichkeit, Spaß an Schrift zu finden.

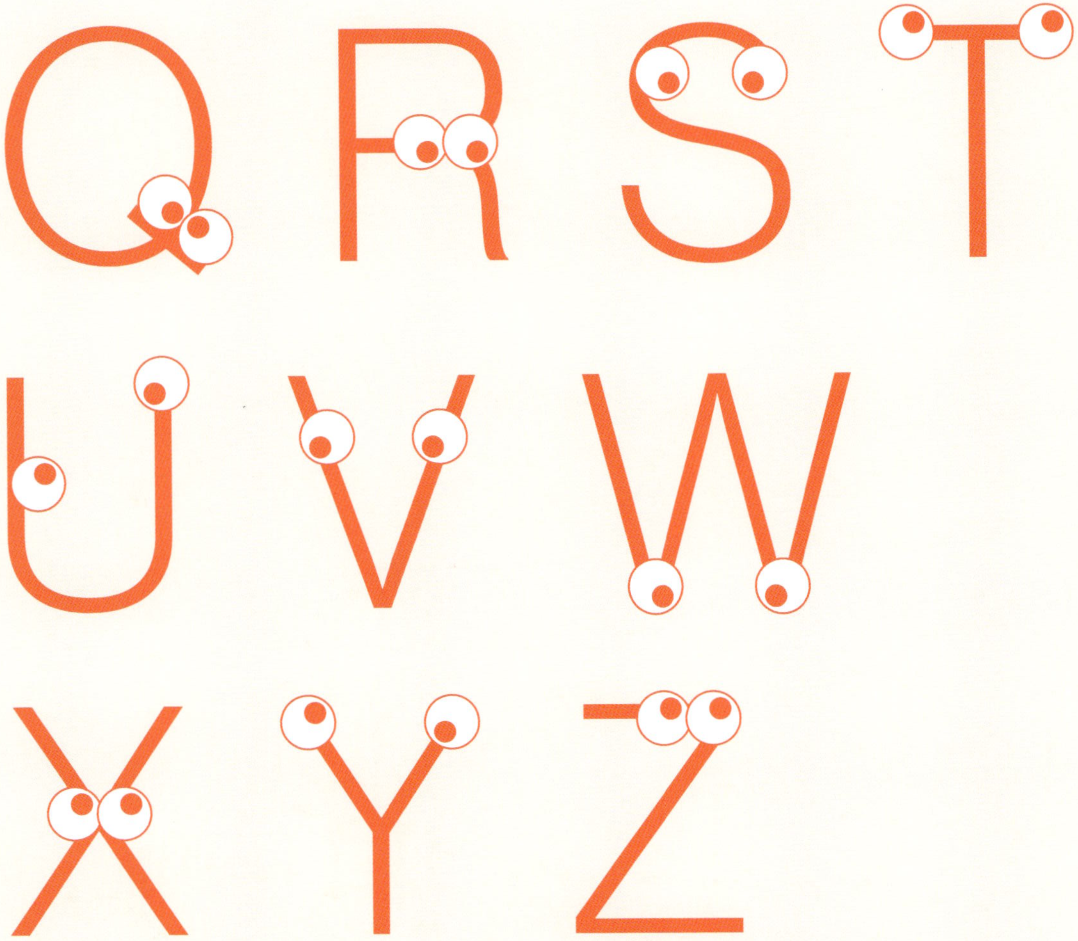
Q R S T
U V W
X Y Z

Luftballons

Tiger

Wellen Wellen Wellen Welle
Wellen Wellen Welle
Wellen Wellen We

scHILDK

Spielplatz der Wörter

Kinder brauchen vielfältige Möglichkeiten, um sich auszudrücken. Neben dem Spielen, Malen, Erzählen oder Basteln bietet auch das Schreiben zahlreiche Gelegenheiten für kreatives Experimentieren. Mit Schrift wird nämlich immer sowohl eine informative als auch eine emotionale Botschaft vermittelt, die über das Schriftbild und den Textinhalt wahrgenommen wird. Der spielerische Umgang mit Schrift kann sich diesen Umstand zu Nutze machen, indem der Bedeutungsinhalt bildnerisch interpretiert wird. Die Buchstaben und Wörter können dazu als Fläche, als Kontur, als zwei- oder dreidimensionale Form und sogar als Linie abgebildet werden. In diesem Zusammenhang können die Kinder mit verschiedenen Schriften, Farben, Größen, Proportionen und Stiften experimentieren.

Für gewöhnlich können Schreibanfänger schnell für die grafische Auseinandersetzung und das Spiel mit Buchstaben und Wörtern begeistert werden. Meist finden sich bereits Ansätze davon als „Gekritzel" auf Löschblättern oder im Hausaufgabenheft wieder. Der kreative Umgang mit Schrift eröffnet einen guten Zugang zum Thema Schreiben und die Chance, vor allem für Schreibmuffel Freude daran zu entwickeln. Das Experimentieren und Ausprobieren, das vom reinen Schreibvorgang ablenkt, kommt den Handschriften der Schüler zugute und begünstigt deren Entwicklung. Soll mit Schrift gestaltet werden, wird die Aufmerksamkeit vollkommen auf die Form der Buchstaben gelenkt. Beim sachlichen Schreiben stehen oftmals andere Kriterien im Vordergrund. Meist muss dabei eine bestimmte Menge von Wörtern niedergeschrieben werden, die sowohl inhaltlich als auch orthografisch stimmig sein soll. Beim Gestalten mit Schrift können sich die Schüler auf ein einzelnes Wort konzentrieren, dem sie sich mit ihrem bildnerischen Können sowie ihrer Kreativität voll und ganz widmen.

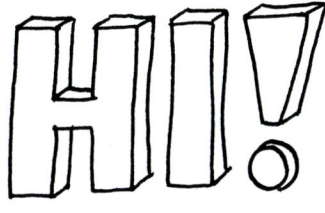

Computer sinnvoll nutzen

Computer, Tablets und Smartphones sind aus unserer heutigen Zeit nicht mehr wegzudenken. In der Lebenswelt der Kinder spielen sie meist schon eine große Rolle, weshalb der konstruktive Umgang mit ihnen und die Vorzüge, die sie mit sich bringen, auch in der Grundschule eingesetzt werden sollten. Der Umgang mit dem Computer wird schon längst als vierte Kulturtechnik, neben dem Lesen, Schreiben und Rechnen, angesehen. Aus diesem Grund sollte es nicht mehr länger darum gehen, ob der Computer überhaupt in der Grundschule eingesetzt werden soll, sondern in welcher Form und Funktion er den Unterricht produktiv bereichern kann.

Der Fokus ist dabei immer öfter auf die Möglichkeiten des Schriftspracherwerbs konzentriert, der durch den Einsatz des Computers wirkungsvoll unterstützt werden kann und eigenaktives Lernen möglich macht. Der große Vorteil gegenüber den klassischen Medien liegt beim Schreibenlernen darin, dass neben der grafischen Darstellung der Schriftzeichen auch gleichzeitig die gesprochene Sprache demonstriert werden kann. Diesen Umstand machen sich beispielsweise akustische Anlauttabellen zunutze: mit diesen können die visuelle und die auditive Erscheinungsform der Buchstaben direkt verknüpft werden, sodass die grundlegenden Laut-Zeichen-Beziehungen unserer Schriftsprache leichter erlernt werden können. Zusätzlich kann mit einer entsprechenden Lernsoftware, die es inzwischen zu fast allen Lese-Schreiblehrgängen gibt, individuell auf den Leistungsstand und das Lerntempo der einzelnen Kinder eingegangen werden, wodurch differenziertes Lernen auf einfache Art und Weise ermöglicht wird.

Ein weiteres Gebiet, bei dem der Computer in der Grundschule zum Einsatz kommen soll, ist die digitale Strukturierung und Gestaltung von Texten. In den Bildungsstandards für die Grundschule im Fach Deutsch wird dazu aufgefordert, dass der Computer zum Schreiben und zur Textgestaltung genutzt werden sollte. Dies ist jedoch erst in den oberen Klassen der Grundschule sinnvoll, nachdem die Schüler handschriftlich bereits gut schreiben können. Im Zuge dessen soll außerdem geübt werden, die Rechtschreibhilfen des PCs zu nutzen und Texte für die Veröffentlichung aufzubereiten.

Kinder sollen Texte für die Veröffentlichung aufbereiten können und dabei am Computer gestalten.

Aus „Bildungsstandards im Fach Deutsch für den Primarbereich", KMK 2004

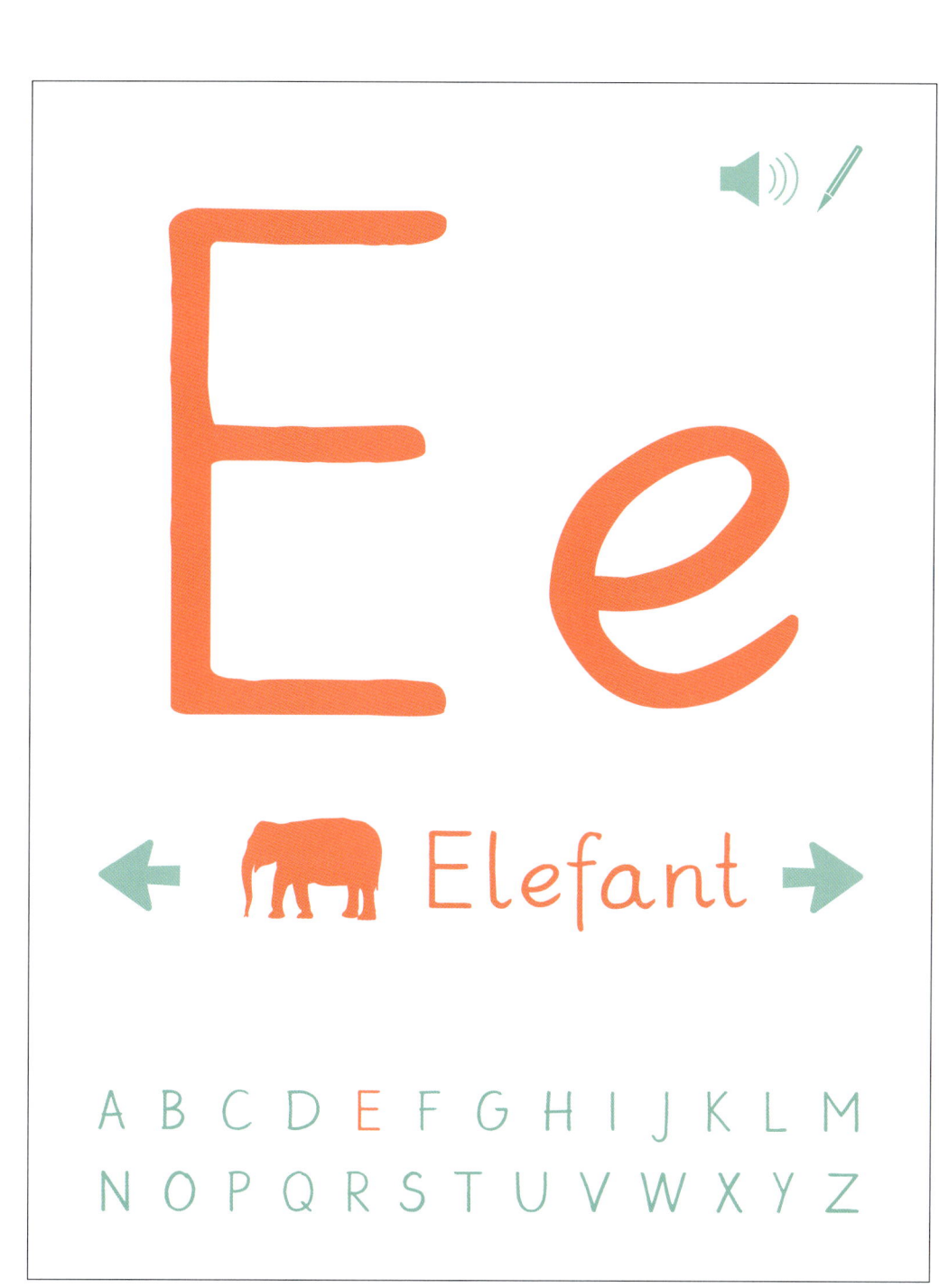

Übung:
Mit Schrift gestalten

Ein Schriftbild wird nicht nur durch formale Kriterien wie seine Lesbarkeit bestimmt, sondern ist vor allem durch seine individuelle Gestaltung geprägt. Um Kindern Spaß am Schreiben und an der Ästhetik von Schrift zu vermitteln, bietet das Gestalten mit Schrift vielfältige Möglichkeiten. Ob das Zeichnen von Initialen, die semantische Umsetzung eines Begriffs, das Malen lustiger Buchstaben oder das Gestalten mit dem eigenen Namen am Computer – der Fantasie sind keine Grenzen gesetzt. In dieser Übung sollen die einzelnen Buchstaben ausgeschmückt und mit verschiedenen Mustern gefüllt werden. Im Zuge dessen kann mit unterschiedlichen Farben und Stiften experimentiert werden.

Male die Buchstaben mit verschiedenen Mustern aus.
Du kannst dabei mehrere Farben und Stifte benutzen.

Quellenverzeichnis

Adorno, Brigitte; Biel Marita: Die Bedeutung des Grundwahrnehmungssystems. [1]
http://www.bingo-rechentherapie.de/grundwahrnehmungssystem/artikel
Zugriff: 06.10.2013

Baranowski, Frank: Grafik-Design & Typografie. [1]
http://www.transkrypt.de/types/quak/types-quak.html
Aktualisierungsdatum: Dezember 2012 , Zugriff: 06.10.2013

Bartnitzky, Horst: Welche Schreibschrift passt am besten zum Grundschulunterricht heute? [3]
In: Grundschule aktuell
Nr. 91 (September 2005), S. 3-12

Bode-Kirchhoff, Nina: Experimentieren mit Schrift. Eine Kartei mit Anregungen und Ideen für den Unterricht. [4]
Kallmeyersche Verlagsbuchhandlung GmbH, 2005. S. 4-12

Brinkmann, Erika: ABC Lernlandschaft. [4]
vpm LERNBUCHVERLAG, 2008. Einführung und Didaktischer Hintergrund.
Wörter-Heft, Lausch-Heft, Buchstaben-Heft, Schreibschrift-Heft (VA, LA, SAS, Grundschrift).

Brügelmann, Hans: Mein Weg zum Spracherfahrungsansatz. [3]
In: Grundschule aktuell
Nr. 104 (November 2008), S. 23-24

Brügelmann, Hans; Brinkmann, Erika: Freies Schreiben – wie und warum? [1]
http://www2.agprim.uni-siegen.de/printbrue/freiesschreiben.pdf
Zugriff: 06.10.2013

Brühlmeier, Arthur: Schreiben und Lesen. [1]
http://www.bruehlmeier.info/schreiben-und-lesen.htm
Aktualisierungsdatum: 14.05.1996, Zugriff: 06.10.2013

Buschmaas, Ina; Annette Scharkowski: Diagnostik in der Grundschule. [1]
http://www.uni-bielefeld.de/sport/events/pdf/BuschmaasScharkowski_2008text.pdf
Aktualisierungsdatum: 2008, Zugriff: 06.10.2013

Dorendorff, Susanne: Lesbar schreiben. Der Weg zur besseren Handschrift. [2]
E.A. Seemann Kunstpraxis, 2010. S. 14-34

Grundschulverband e. V.: Kinder: Entdecker und Erfinder – auch beim Lesen- und Schreibenlernen. [3]
In: Grundschule aktuell
Beilage „GrundschulEltern" (September 2011)

Grundschulverband e. V.: Grundschrift – auf einen Blick. [3]
http://www.grundschulverband.de/fileadmin/aktuell/Grundschrift/GSa110_Mai10_Grundschrift_S3-12.pdf
Aktualisierungsdatum: Mai 2010, Zugriff: 06.10.2013

Grundschulverband e.V.: Grundschrift: Kartei zum Lernen und Üben. [4]
Teil 1 „Die Buchstaben", Teil 2 „Schreiben mit Schwung", 2011.

Grundschulverband e.V.: Grundschrift: Notwendige Klarstellungen. [1]
http://www.grundschulverband.de/fileadmin/aktuell/Grundschrift/PM-Grundschrift_Klarstellung.pdf
Aktualisierungsdatum: 18.07.2011, Zugriff: 06.10.2013

Grundschulverband e.V.: Grundschrift Warum und Wie. [3]
In: Grundschule aktuell
SPEZIAL (2013), S. 1-19

---

[1] Internetseite, [2] Buch, [3] Zeitschrift, [4] Lernmaterial

Grundschulverband e. V.: Schluss mit dem Schriften-Wirrwarr![1]
http://www.grundschulverband.de/fileadmin/aktuell/Grundschrift/PM.Schluss_mit_dem_Schriften_Wirrwarr.pdf
Aktualisierungsdatum: 04.05.2010, Zugriff: 06.10.2013

Gülcan, Ferya: Anleitung und Tipps zum Lernen.[1]
http://www.anleitung-zum-schreiben.de/schreiben-in-der-schule/buchstaben-schreiben
Aktualisierungsdatum: 2009, Zugriff: 06.10.2013

Kindler, Linda: Schriftgespräche mit Kindern.[3]
In: Grundschule aktuell
Nr. 112 (November 2010), S. 14-15

Körner, Marlis; Schäfer Daniela: Vereinfachte Ausgangsschrift – pro und contra.[1]
http://www.linse.uni-due.de/linse/esel/pdf/va.pdf
Aktualisierungsdatum: 1996, Zugriff: 06.10.2013

Kreisverband Legasthenie Zollernalb e. V.: Wie lernen Kinder lesen und schreiben?[1]
http://www.legasthenie-zollernalb.de/leD42.htm
Zugriff: 06.10.2013

Kultusministerkonferenz: Bildungsstandards im Fach Deutsch für den Primarbereich.[1]
http://www.kmk.org/fileadmin/veroeffentlichungen_beschluesse/2004/2004_10_15-Bildungsstandards-Deutsch-Primar.pdf
Aktualisierungsdatum: 15.10.2004, Zugriff: 06.10.2013

Mahrhofer Bernt, Christina: Buchstaben gruppieren nach Form und Bewegung.[2]
In: Bartnitzky, H. u. a.: Grundschrift. Damit Kinder besser schreiben lernen.
Beiträge zur Reform der Grundschule, Bd. 132. Frankfurt a. M.: Grundschulverband, S. 75.

Mahrhofer Bernt, Christina: Die eigene Schrift entwickeln - von Anfang an.[1]
http://www.grundschulverband.de/fileadmin/Forschung/GSakt.91_Mahrhofer.pdf
Zugriff: 06.10.2013

Mainitz, Anita: Die Vereinfachte Ausgangsschrift.[1]
http://www.linse.uni-due.de/linse/esel/pdf/veraus_mainitz.pdf
Zugriff: 06.10.2013

Meiss, Ulrike: Voraussetzungen für das Lernen von Lesen und Schreiben.[1]
http://www.ulrike-meiss.de/prev_vor.htm
Zugriff: 06.10.2013

Menzel, Wolfgang: Plädoyer für eine Schrift ohne normierte Verbindungen.[3]
In: Grundschule aktuell
Nr. 110 (Mai 2010), S. 23-30

Mildenberger, Frank: ABC der Tiere. Informationen für Lehrer.[1]
http://www.abc-der-tiere.de/news/die-silbenmethode-mit-silbentrennerR/die-grundlagen-motorik-koordination-und-seitigkeit
Aktualisierungsdatum: Juni 2012, Zugriff: 06.10.2013

Mönch, Regina: Analphabetismus in Deutschland.[1]
http://www.faz.net/aktuell/feuilleton/analphabetismus-in-deutschland-durchgereicht-und-weggelogen-11657508.html
Aktualisierungsdatum: 27.02.2012, Zugriff: 06.10.2013

Niesel, Renate: Schulreife oder Schulfähigkeit – was ist darunter zu verstehen?[1]
https://www.familienhandbuch.de/schule/schulfahigkeitschulreife/schulreife-oder-schulfahigkeit-was-ist-darunter-zu-verstehen
Aktualisierungsdatum: 27.01.2010, Zugriff: 06.10.2013

Pfeiffer, Karin: Weshalb Schreiben mit der Hand so wichtig ist.[1]
http://www.stolzverlag.de/de_blog_permalink_94.html
Aktualisierungsdatum: 01.06.2011, Zugriff: 06.10.2013

Praschl, Peter: ...das Ende der Handschrift?[1]
http://sz-magazin.sueddeutsche.de/texte/anzeigen/36969/2
Aktualisierungsdatum: Juni 2012, Zugriff: 06.10.2013

Rüschemeyer, Uta: So findet Ihr Kind Spaß am Schreiben.[1]
http://www.lernen-und-foerdern.com/Magazin/Erziehung/So_findet_Ihr_Kind_Spass_am_Schreiben.html
Aktualisierungsdatum: 2013, Zugriff: 06.10.2013

Rüschemeyer, Georg: Schreibschrift, ade.[1]
http://www.grundschulverband.de/fileadmin/aktuell/Grundschrift/Schreibschrift__ade.pdf
Zugriff: 06.10.2013

Schenk, Christa: Schreiben lernen und lehrern. Eine Didaktik des Schriftspracherwerbs.[2]
Schneider Verlag Hohengehren, 2012. S. 22 – 200

Schniebel, Barbara: Schreiben lernen.[1]
http://www.hallo-eltern.de/M_Vorschulzeit/schreiben-lernen.htm
Zugriff: 06.10.2013

Schüßler, Christiane: Schrift und Schreiben als ständige Arbeitsspur in der Grundschule.[3]
In: Grundschule aktuell
Nr. 112 (November 2010), S. 7-9

Stiftung Warentest: Special Einschulung. Für einen guten Start.[1]
http://www.test.de/Special-Einschulung-Fuer-einen-guten-Start-1243089-0
Aktualisierungsdatum: 17.02.2011, Zugriff: 06.10.2013

Stuhlmüller, Andreas: Die funktionelle Aufteilung der Hirnlappen.[1]
http://www.mindpicnic.de/cardbox/gerontopsychatrie/8
Zugriff: 06.10.2013

Tost, Renate; Kaestner, Elisabeth: Die Schulausgangsschrift 1968 in der Praxis.[3]
In: Sprachpflege
Nr. 7, Jg. 18, (1969), S. 143-145

Valtin, Renate: Stufenmodell des Schriftspracherwerbs.[1]
http://bildungsserver.berlin-brandenburg.de/fileadmin/bbb/unterricht/faecher/sprachen/deutsch/LRS/
Broschuere_2005/Stufenmodell.pdf
Aktualisierungsdatum: 1991, Zugriff: 06.10.2013

Van der Ley, Jules: Kleine Kulturgeschichte der Handschrift.[3]
In: Grundschule aktuell
Nr. 110 (Mai 2010), S. 31-35

Weise, J.; Albert, A.: Handschrift stirbt aus![1]
http://www.bild.de/ratgeber/2012/handschrift/handschrift-stirbt-aus-muss-ich-noch-per-hand-schreiben-
koennen-24861372.bild.html
Aktualisierungsdatum: 27.06.2012, Zugriff: 06.10.2013

---

[1] Internetseite, [2] Buch, [3] Zeitschrift, [4] Lernmaterial

Literaturverzeichnis

Bartnitzky, Horst; Hecker, Ulrich; Mahrhofer-Bernt, Christina (2011): Grundschrift – Damit Kinder besser schreiben lernen. Materialpaket mit Buch, Karteikarten-Sätzen sowie CD mit Kopiervorlagen, didaktischen Kommentaren und weiteren Materialien. Herausgegeben vom Grundschulverband – Arbeitskreis Grundschule.

Bode-Kirchhoff, Nina (2005): Experimentieren mit Schrift. Eine Kartei mit Anregungen und Ideen für den Unterricht, von Kindern gestaltet. Erschienen bei Klett / Kallmeyer.

Brinkmann, Erika (2008): ABC Lernlandschaft. Unterrichtsmaterial, das auf die unterschiedlichen Vorerfahrungen und Lernvoraussetzungen von Kindern eingeht. Erschienen im vpm LERNBUCHVERLAG.

Brügelmann, Hans (1997): Kinder auf dem Weg zur Schrift: Eine Fibel für Lehrer und Laien. Diskussion über verschiedene Methoden für das Lesen- und Schreibenlernen. Besonderer Augenmerk liegt auf dem Spracherfahrungsansatz. Erschienen im Libelle Verlag.

Brügelmann, Hans; Brinkmann Erika (1998): Die Schrift erfinden – Beobachtungshilfen und methodische Ideen für einen offenen Anfangsunterricht im Lesen und Schreiben. Erschienen im Libelle Verlag.

Dehn, Mechthild; Merklinger Daniela; Schüler, Lis (2011): Texte und Kontexte – Schreiben als kulturelle Tätigkeit in der Grundschule. Theoretische Begründung für einen Schreibunterricht, der Imagination und Wissen verbindet. Erschienen bei Klett / Kallmeyer.

Dehn, Mechthild, Petra Hüttis-Graff (2013): Zeit für die Schrift – Lesen und Schreiben im Anfangsunterricht. Buch mit Kopiervorlagen. Einblicke in Lernprozesse und -entwicklungen, Formen offenen Lernens, Diagnose und Früherkennung von Lese- und Rechtschreibproblemen. Erschienen bei Cornelsen.

Kohl, Eva Maria; Ritter, Martin (2010): Schreibszenarien – Wege zum kreativen Schreiben in der Grundschule. Buch mit praktischen Beispielen, die neue Wege in die Schreibdidaktik zeigen und Kindern Schreibspielräume eröffnen. Erschienen bei Klett / Kallmeyer.

Schenk, Christa (2012): Lesen und Schreiben lernen und lehren – Eine Didaktik des Schriftspracherwerbs. Grundlegendes Werk, das einen Überblick über den gegenwärtigen Wissens- und Diskussionsstand gibt. Erschienen im SCHNEIDER VERLAG Hohengehren.

Seitz, Marielle; Seitz, Rudolf (2012): Schulen der Phantasie: Lernen braucht Kreativität. Buch über den Einsatz kreativer Techniken im Unterricht, welche Kindern Raum zum Entdecken und Ausleben ihrer Fantasie und Kreativität geben. Erschienen bei Klett / Kallmeyer.

Unter www.friedrich-verlag.de finden Sie Materialien zum Buch als Download.
Bitte geben Sie den achtstelligen Download-Code in das Suchfeld ein.

Download-Code: d14811ws